Marc Hofherr

Erlebnisse in und um South Carolina

Marc Hofherr

Erlebnisse in und um South Carolina

Südstaaten USA - Trips, Alltägliches und Kuriositäten

Bloggingbooks

Imprint

Cover image: www.ingimage.com

Publisher:
Bloggingbooks
is a trademark of
Dodo Books Indian Ocean Ltd. and OmniScriptum S.R.L publishing group

120 High Road, East Finchley, London, N2 9ED, United Kingdom
Str. Armeneasca 28/1, office 1, Chisinau MD-2012, Republic of Moldova, Europe
Managing Directors: Ieva Konstantinova, Victoria Ursu
info@omniscriptum.com

Printed at: see last page
ISBN: 978-3-8417-7029-5

Inhaltsverzeichnis

Vorwort

Hallo liebe Leser,

ihr haltet mein Reisetagebuch eines 6-monatigen Aufenthalts in den Südstaaten der USA in den Händen. Nach South Carolina verschlug es mich über ein Praktikum bei BMW, in meinem Blog habe ich aber nur meine privaten Erlebnisse verarbeitet, vor allem um Freunde und Familie in der Heimat auf dem Laufenden zu halten. Dieses Buch enthält meine ganz persönliche Sicht auf Amerika und auf meine Lebenssituation. Alle Aussagen sind subjektiv von mir getroffen und können gängigen Meinungen über die USA widersprechen. Die Blogbeiträge sind im Wochenrhythmus entstanden und fassen zusammen, welche Trips, Gegebenheiten oder Kuriositäten ich erfahren durfte. Bewusst habe ich mich gegen ein tägliches Statusupdate aller meiner Schritte entschlossen, da diese Erzählform schnell langweilig und monoton wird. In den Staaten habe ich eine umfassende Fotosammlung angelegt, deren Highlights auch in meine Blogbeiträge eingeflossen sind.
Ich hoffe mein Reisebericht kann euch motivieren auch mal selbst einen Urlaub oder Auslandsaufenthalt in den USA zu machen. Auch wenn einige wenige Blogbeiträge ein eher negatives Bild vermitteln, so ist dieses Land trotzdem sehr sehens- und auch lebenswert! Mein Weg wird mich sicherlich noch einmal dorthin zurückführen, da ein Großteil meiner Erfahrungen sehr positiv waren! An dieser Stelle möchte ich noch alle neu gewonnenen Freunde grüßen, ohne die der Aufenthalt sicherlich nicht so viel Spaß gemacht hätte! I just say: „Everyday I'm shuffling."

Ich wünsche euch viel Spaß mit der Lektüre,
Marc

28 Dezember, 2010 21:22

Praktikum I / Canada

27.12.2010

Toronto - a never ending journey...

Das Abenteuer soll gemütlich beginnen. Um mir den Jetlag zu sparen fliege ich bereits eine Woche vor Praktikumsbeginn nach Nordamerika. Bei Toronto möchte ich noch schnell meine Tante und meine Cousinen besuchen bevor ich dann von dort über Charleston nach Greenville fliege. Der Trip nach Toronto beginnt mit einer nächtlichen Weck-SMS meiner Flighttracker-App fürs Smartphone...(Marc 2.0 lässt grüßen) „Achtung - auf Grund von Blizzards in den USA fallen alle New-York-Flüge aus." Damn it. Auch wenn ich nach Toronto möchte bin ich davon betroffen, da mein Flug in Frankfurt zwar pünktlich startet, mein Anschlussflug in Brüssel aber 4 Stunden Verspätung hat. Soweit so schlecht. Nach der unkomplizierten Abreise in Deutschland komme ich in Brüssel an und werde erst mal mit noch mehr Verspätung begrüßt...

Was mache ich nur 6 1/2 Stunden auf einem Flughafen in f***** Belgien??? Naja - erst mal die Lage gecheckt, Kaffee getrunken und abgegammelt bis ich nach 2 Stunden keinen Bock mehr hatte. Also mal gekuckt, was Brüssel so kann... Tja - schlechte Idee, da Brüssel stinkt. Banker- und Politikerstadt mit einem hässlichen Schloss, gammligen Straßenschluchten und seit Ewigkeiten den gleichen Attraktionen (ein unspektakuläres Mini-Europa und das Atomium). Selbst wenn man nur einen Kaffee trinken will, muss man erst suchen. Belgier im Anzug oder als Penner im Graben gibt's genug, Zivilisation - Fehlanzeige. Tja immerhin bin ich mit dem Bus an der NATO-Zentrale vorbeigefahren. Die Militärfuzzis sind sicher wesentlich schneller in Nordamerika, als ich das heute bin...

Jetzt hock ich immer noch am Gate, meine Kulanzgutscheine von sage und schreibe 16 € (dafür bekommt man am Flughafen 3 Kaffee und ne Packung Mentos...) sind bereits aufgebraucht und wenn es wahr ist wird jetzt geboardet.

Wenn der Flug dann tatsächlich pünktlich um 16.30 starten sollte, bin ich um 19 Uhr Ortszeit in Toronto. Damit hätte ich meinen Greyhound-Bus um genau 30 Minuten verpasst. Mal sehen ob mich wer abholt oder ob der Trip weitergeht.

28.12.2010

Netter Flug mit JetAirways India (ja India). Nen Haufen Inder an Bord, ne indische Crew und gutes indisches Essen. Das Bordentertainment hatte neben Bollywood zum Glück aber auch Hollywood zu bieten. Hilft alles nix - in Toronto bin ich zu spät und hab meinen Bus verpasst - also mit Mühen und Not den kaputten 23kg-Koffer zum Hostel geschleift.

Übernachtet und gut ist Am nächsten Morgen ziehe ich mir den ersten (und wahrscheinlich letzten Tim Hortons Kaffee(gibt's in den USA nicht)) rein und sondiere die Lage.

Zug fahren ist zu teuer, Bus fährt erst Abends...Nach viel Rumlauferei im Menschenleeren Toronto (da ist zwischen den Jahren tote Hose..)stellt sich auch raus, dass ein Mietwagen zu teuer und nicht verfügbar ist.

Naja letztendlich kann dann mit der einzigen Regionalbahn Nordamerikas (die ganze 12 Ortschaften mit Toronto verbindet...) in Richtung meiner Tante fahren und mich dort abholen lassen. Ende gut alles gut.

Stimmung: Endlich angekommen.
Location: Trenton, Ontario
Wetter: Bewölkt, sehr wenig Schnee (untypisch hier), 0°

02 Januar, 2011 17:09

Praktikum II / South Carolina

01.01.2010

Nachdem ich Silvester auf dem Sofa verpennt habe (die Liveübertragung vom TimesSquare war mal echt lahm), bin ich um 10 vor 8 fertig zum Flughafentransfer!

CoachCanada holt mich bei meiner Tante im Kaff (Trenton, ON) ab und bringt mich innerhalb von 2 Stunden gemütlich direkt ans Terminal 1 in Toronto. Mein Flug nach Greenville (über Charlotte) fliegt pünktlich. Unglaublich ☺. Erstmal muss ich aber durch gefühlte 20 Sicherheitschecks...Diese verrückten Amerikaner. Dank meinem Visa muss ich nur den Standardcheck machen und werde nicht noch mal von so TSA-Typen in den Intimzonen gefilzt. Glück gehabt. Nach 2 Stunden bin ich dann auch pünktlich am Abfluggate und kann in den kleinen Interkontinentalflieger einsteigen. Jetzt hock ich am Airport in Charlotte und warte auf meinen Anschlussflug.

OK - Anschlussflug war kein Problem.

Dass ich richtig bin, hab ich daran gemerkt, dass die Flughäfen und Flugzeuge immer kleiner wurden.

Die Überraschung nur in Greenville. Mein Vermieter kann mich nicht abholen und ich muss mir einen Mietwagen nehmen.

Das ist eh ne gute Idee zwecks Einkaufen und zur Arbeit kommen. Für den Mietpreis (+UnderAgeFee und GPS) hätte ich mir wohl aber auch ein Auto kaufen können, aber immerhin bin ich jetzt auf der Farm, auf der ich wohnen werde. Nachdem ich mich noch schnell mit einigen Lebensmitteln eingedeckt habe (in den Südstaaten gibt es die größten Zwiebeln, die ich je gesehen habe...) schaue ich mir doch mal meine Wohnlocation an. Sehr hübsch.

Ein altes Farmhaus, das von mehreren Praktikanten bewohnt wird (von denen aber noch alle in Weihnachtsurlaub sind). Ausstattungstechnisch bleiben keine Wünsche offen. Super Küche, 2 Kühlschränke, Waschmaschine, Trockner, Internet, Fernsehen, Tischkicker(!). Was will man mehr. Die vielen leeren Wodka-Flaschen, die hier als Deko rumstehen, lassen auf einige wilde Partys schließen. Es ist wie im Wohnheim - mein Zimmer ist zwar klein, aber Hauptsache mittendrin statt nur dabei.

Jetzt bereite ich mich mal auf meinen ersten Arbeitstag am 03.01. vor. Außerdem muss ich noch ein Bankkonto eröffnen, eine SIM-Karte organisieren und meinen blöden Mietwagen wieder loswerden. Wird schon laufen.

Stimmung: Entspannt
Location: 286 Sharon Church Rd, Greer SC
Wetter: Regen, Bewölkt, vereinzelt Sonne, 14°

04 Januar, 2011 02:49

Praktikum III / Arbeiten

03.01.2010

Nachdem ich gestern die 18 Grad(!) und den Sonnenschein auf der Farm genießen konnte, ging's heute endlich mal ans arbeiten. Um 8 Uhr treffe ich mich mit meinem Betreuer in der Besucherlobby vom Werk. Nachdem der übliche Papierkrieg erledigt ist, kann ich meinen Besucherausweis gegen einen Werksausweis tauschen. Mit diesem habe ich Zugang ins Werk in Spartanburg.

Dieses ist sehr schick und man merkt dass es nicht seit 40 Jahren steht (wie das in München). Alles ist groß und ausladend und das Besucherzentrum ist bereits von außen sehr eindrucksvoll. Mit einem Werksausweis für Spartanburg kann ich allerdings nicht viel anfangen, da ich ja nicht dort, sondern im IT Research Center (kurz ITRC) arbeite. Dies ist mit dem Auto 20 Minuten vom Werk entfernt.

Nachdem ich meinem Betreuer im 3er BMW (mal nicht ein BMW X Geländewagen, mit denen hier jeder rumfährt) ins ITRC hinterhergefahren bin, lerne ich dort direkt 3 nette Kollegen kennen. Sehr nett ist die Sitte sich zu duzen ☺ Da ich noch keinen Useraccount habe, verbringe ich meinen Tag damit, im ITRC-Wiki rumzulesen (es geht auch besser als Sissis Wikis *insider*), Dell Streaks auf Android 2.2 zu updaten und Reader Apps für Android auszutesten.

Auch hier ist es noch sehr ruhig, da alle Studenten erst wieder kommen bzw. neue Leute erst am 10.01. beginnen. Immerhin sitzen alle Studenten in einem Raum, was sicher ganz cool ist.

Erwähnenswert ist noch der mittägliche Ausflug zum Mexikaner. Da hier nur eine Cafeteria ist, es aber keine Kantine gibt (die gibt es nur im Werk), muss man sich immer ins Auto setzen und wegfahren. Gesagt, getan. Mit den Kollegen fahre ich im neuen X3 zum Mexikaner "um die Ecke" (d.h. 10 Minuten Fahrt...). Der ist echt super und wir bekommen schnell, gut und günstig Burritos und Getränke (die freundlicherweise immer wieder kostenlos nachgefüllt werden). Zum Glück gibt's hier um die Ecke ein Fitnessstudio für Mitarbeiter - da sollte ich mich echt anmelden, wenn es jeden Mittag nur so Zeug zum Essen gibt!

Soweit so gut.

Stimmung: Nicht im Stress, Spieltrieb ausgelebt
Location: 2 Research Drive, ITRC, Greenville
Wetter: 8 Grad, Sonnenschein

05 Januar, 2011 02:37

Praktikum IV / Verdächtig

04.01.2010

Heute war arbeitstechnisch ein eher unspektakulärer Tag. Nix zum rumspielen mehr und meine Zugangsdaten sind auch noch nicht da. Immerhin konnte ich per Telefon meine Autoversicherung abschließen. Jetzt muss ich die Karre nur noch anmelden und dann wird endlich der Mietwagen zurückgegeben.

Doch halt - heute wollte ich "mal schnell" mein Bankkonto eröffnen. Weit gefehlt - die Mittagspause hat dafür nicht gereicht. Erst mal musst ich 10 Meilen in die Pampa fahren, damit ich eine Filiale finde, die den Ausdruck "BMW Intern" kenn und dann streikt auch noch deren IT System. Nach geschlagenen 1 1/2 Stunden habe ich dann aber endlich meine vorläufige VISA Karte in der Hand und die ersten 50$ auf dem Konto. Interessant ist, dass in den USA keinerlei Datenschutz besteht, d.h. ich muss mich beim Online-Banking 5mal verifizieren bis ich was machen kann. Auch muss ich vor jedem Aufenthalt in einem anderen Bundesstaat mich vorher bei der Bank melden. Wenn ich das nicht mache und dort was abhebe, wird mein Konto wegen "verdächtiger Aktivitäten" erst mal gesperrt. Soviel zu "BigBrother is watching you". Doch nicht nur die Bank schaut einem auf die Finger - auch harmlose Passanten stellen fest, dass ich nicht auf dem Bankparkplatz, sondern aus Versehen nebenan geparkt habe. Als ich den Parkplatz verlasse habe ich direkt einen Polizeiwagen mit Blaulicht hinter mir. Und jetzt ist es wie im Film. Hände ans Lenkrad, Fenster runter, Angeschnallt bleiben. Im Rückspiegel nähert sich ein Polizist mit der Hand an der Dienstwaffe... Unglaublich. Aber ich könnte ja direkt die Waffe ziehen und das Feuer eröffnen...

Tja - aber im Endeffekt alles halb so schlimm. Die blöde Mietwagenfirma hat dummerweise einfach ein altes Nummerschild an das neue Auto geschraubt, sodass ich eigentlich einen F150-Truck anstatt meinem kleinen Kia Stadtflitzer fahren müsste... Sehr verdächtig. Dann parke ich auch noch verdächtig neben der Bank und bestelle im McDonalds ganz verdächtig nur einen Hamburger...

Aber immerhin habe ich keine Strafe zahlen müssen und der Polizist war am Ende doch ganz freundlich und hat mir sogar gesagt, dass ich eigentlich keinen US Führerschein brauche (deutscher +internationaler Führerschein reicht).

Nach diesen 2 langen Stunden in der 40 Minuten Mittagspause kann ich dann wieder ins Büro. Noch ein bisschen mit meinen Kollegen aus Deutschland gequatscht. Er ist auch Metaller und war letztes Jahr auf Summerbreeze und Wacken. Was ein Zufall ☺

Morgen versuche ich mal mein Auto anzumelden. Hoffe das geht reibungsloser ab...

Stimmung: Getting things done.
Location: ALDI an der Woodruff Rd (geil hier gibts tatsächlich einen ALDI...)
Wetter: 11 Grad und Sonnenschein (es wird aber kälter die nächsten Tage)

08 Januar, 2011 00:42

Praktikum V / Wochenende

05. – 07.01.

In den letzten 3 Tagen habe ich endlich ein paar Dinge auf meiner To-Do-Liste abgehakt. Mittwochs bekommen wir neuen Praktikanten die ausführliche Einführung. Diese findet im Werk statt, also kann ich mir morgens etwas Zeit lassen, da es von der Farm grade 10 Minuten dorthin sind.

Nachdem wir den ganzen Tag diverse Formulare, teilweise auch mehrmals, ausfüllen, kann ich inzwischen meine Adresse und Reisepassnummer auswendig... Wichtig hierbei ist zu wissen, wie die Zahlen geschrieben werden. Die 1 ist in Amerika ein I und die 7 wird handschriftlich ohne Zwischenstrich geschrieben. Eine deutsche Eins wird in Amerika als Sieben erkannt. Sehr tricky.

Beim Mittagessen treffen wir die ganzen anderen Praktikanten. Es war fast zu erwarten, dass die Maschinenbauerquote hoch ist und ja, sie ist es auch... Egal – nach dem Essen bin ich echt neidisch auf die Kantine, da die neben Sandwiches und sonstigem Zeug auch eine „deutsche" Linie hat, an der man auch mal Fleischkäse oder ähnliches bekommt. Außerdem ist es sehr entspannt, nicht für jedes Essen das Gebäude verlassen zu müssen.

Mittags haben wir dann noch unsere Uniform bestellt (Stoffhose + BMW Hemd, Polo oder Shirt mit Logo und Vornamen). Diese wird allerdings wohl erst in einige Wochen da sein...mal sehen.

Wenn ich schon mal da bin, gehe ich auch in den BMW Welt Verschnitt vor dem Werk. Nix besonderes aber immerhin...

Der X6 wird auch in SC gebaut. Man beachte auf dem Foto den Putzmann mit der Ghostbusters-Kanone auf dem Rücken. *g*

Abends unterschreibe ich dann endlich meinen Mietvertrag.

Auch finde ich endlich die Klappe für die Heizung – endlich herrscht keine Eiszeit mehr in meinem Zimmer...

Beim Feierabendbierchen erzählt mir mein Mitbewohner doch tatsächlich, dass ich mein versichertes Auto 2 Wochen ohne Nummernschilder (bzw. Nummernschild, da hier in SC nur hinten eins dran ist) fahren darf. Super... Ich ihn gleich mal eingespannt und zur Mietwagenfirma gefahren. Endlich bin ich das Ding los. Donnerstags fahre ich dann zum DMV (Zulassungsbehörde für Autos). Dummerweise war ich im falschen Büro für die Besitzsteuer. Muss ich halt die Tage noch mal hin.

Zum Thema Autos...Fast jeder meiner Praktikantenkollegen fährt einen alten Straßenkreuzer weil „wo sonst, wenn nicht hier“ kann man so was fahren. In diesen Karren kann man bequem vorne und hinten zu dritt fahren, oder den Dschungel bezwingen (ja auch Trucks werden gefahren). Ich glaub wenn es mich überkommt verkauf ich meinen kleinen Mazda und hol mir auch so was. Die Karren fallen bestimmt auseinander wenn man schneller als 120 km/h fährt, aber bei der Geschwindigkeit steht man eh schon mit einem Fuß im Gefängnis.

Einige Facts was sonst Autos betrifft:

- Kein TÜV
- Führerschein ab 16
- Führerschein ist gleichzeitig auch Personalausweis
- In SC fährt man nur mit einem Nummernschild (hinten) rum
- Man darf in den USA an jeder roten Ampel rechts abbiegen, wenn es nicht durch ein Schild verboten wird
- Versichert darf man 2 Wochen ohne Nummernschilder rumfahren.

Stimmung: Zur Feier des Tages heute beim Chinesen All-you-can-eat gewesen – vollgefressen
Location: Farm, ITRC, Werk, Farm
Wetter: 5 Grad, Sonnenschein (wie fast immer hier)

09 Januar, 2011 17:31

Shopping!

So - das Wochenende entwickelt sich prächtig. Inzwischen sind alle Mitbewohner eingetrudelt. Der eine hat sein PS3 dabei und dank WalMart (90 Tage Rückgaberecht) haben wir auf der Farm jetzt einen fetten 42 Zoller ⍨ So zum Abendessen gediegen Stromberg kucken hat was.

Samstag geht es erst an den Drive-In-Schalter an der Bank die letzten Euros umtauschen.

Dann fahren de Kollege und ich ins Outlet nach Georgia (auf der Karte "um die Ecke", aber trotzdem 1 1/2 Stunden Fahrt...)

Dort gibt es alle Markenklamotten unglaublich günstig. Auch wenn ich nicht der Shopper bin. Wenn ich zwei Calvin Klein Hosen (Stoffhosen brauch ich für die Arbeit) für 80$ bekomme - da muss man zuschlagen. Zusätzlich war noch überall "Super-Sale" und "Clearance", d.h. alles noch mal bis zu 70% billiger! Son addidas-Shirt für 3$, da kauf ich mir auch mal eins. Zum Abschluss fahren wir noch ins Hooters was essen. Wenn man schon hier ist, muss man das mal machen.

Die Bedienungen sind vorschriftsmäßig nett und das Essen ist auch sehr gut...

10 Januar, 2011 22:33

Schneechaos

Schnee in South Carolina - wenn das einmal in 40 Jahren vorkommt drehen hier alle am Rädchen.

Im Walmart werden Hamsterkäufe getätigt (und ich wollte doch nur meinen Wocheneinkauf machen), im Radio wird davor gewarnt sich bei dem Wetter aus dem Haus zu bewegen und Schulen sowie Büros (auch meins) bleiben wetterbedingt geschlossen. Total irre. Und das bei 20cm Neuschnee. Wenn der noch liegen bleibt ist hier die Kacke am dampfen...

Wenn ich zuhause bleiben muss ist das nämlich unbezahlt und das ist gar nicht gut (vor allem weil es nächste Woche nach Washington geht und ich da das Geld brauche!).

Na ja wir auf der Farm können uns auch gut selbst beschäftigen. Mit der PS3 und dem 42 Zoller lässt es sich gut Filme schauen. Gestern waren wir aufm Redneck-Flohmarkt um die Ecke. Da gibt es alles zu kaufen. Von der Reichskriegsflagge bis hin zu Medikamenten. Wir haben uns so geile Blasrohre gekauft...Die hauen rein!

Na ja und dann kommt der Schnee. Um zu kucken was so geht, wollen wir mal mit einem Geländewagen vom Kollegen rumfahren. Pech dass wir uns in der Einfahrt festfahren und erst mal buddeln müssen... Damn it. Schneemann bauen ist auch nicht bei dem Eis-Schnee-Gemisch...

13 Januar, 2011 19:04

Alltag

01/13/2011

Heute mal wieder mein kurzer Bericht von der Amerika-Front. Nachdem das Schneechaos überstanden ist (es liegt noch Schnee aber die Straßen sind wieder frei), lecken sich hier alle die Wunden und trauern der verlorenen Zeit hinterher. 2 ½ Tage Ausfall reißen ein ganz schön großes Loch in den Geldbeutel... Mal sehen ob ich bald mal meine erste Woche bezahlt bekomme...mein deutsche Visakarte glüht inzwischen förmlich.

Egal – trotz alledem stellt sich inzwischen langsam eine Art Alltag ein. Meine Visageschichten sind geklärt, Bankkonto eröffnet, heute habe ich noch mein Auto schön angemeldet – jetzt brauche ich nur noch meinen Führerschein als ID und natürlich meine Social Security Number (ohne die hier gar nix geht). Die Arbeit macht Spaß und ich bin beschäftigt. Den Weg ins ITRC finde ich inzwischen ohne Navi und an das permanente Langsamfahren auf dem Interstate habe ich mich auch gewöhnt (wenn alle so langsam rumgurken geht das auch). Nach der 2 ½ Tage Woche freue ich mich jetzt auf den Trip nach Washington. Morgen geht es los und am Montag kommen wir wieder zurück (da is Martin Luther King Day – einer der wenigen bezahlten Feiertage hier).

18 Januar, 2011 19:51

Washington

01/14 – 01/17/2011

Washington! Relativ kurzfristig entscheiden wir uns das lange Wochenende (Montag ist Martin-Luther-King-Day) zu nutzen und mit einigen anderen Praktikanten nach Washington gefahren. Den, für US-Verhältnisse, Katzensprung von 8 Stunden Fahrt treten wir Freitagmittag an. Nach der obligatorischen Burger-Pause zur Abendzeit erreichen wir gegen 24 Uhr die US-Hauptstadt, die menschenleer ist, denn Freitagabend sind alle Beamten schon zuhause und die Studenten sind noch nicht auf der Piste. Uns kommt das ganz gelegen denn ohne Navigationssystem müssen wir uns mit der Straßenkarte begnügen... Nachdem wir unsere beiden Mitfahrer (die nicht im Hotel sondern in einer 10qm Studentenbude übernachten) rausgeworfen haben, geht's weiter ins Hotel. Holiday Inn Capital – 3 Sterne, Fernseher und KingSize Betten – passt. Nachdem der Schlachtplan fürs Parken (das gut organisiert sein will) gemacht ist, fallen wir ins Bett.

Samstag steht die obligatorische Sightseeing-Tour an. Freundlicherweise hat der Stadtplaner alle Sehenswürdigkeiten und Museum auf einen Haufen gepackt (National Mall), sodass wir einfach drauf loslaufen können. Im Capitol können wir direkt an einer Führung teilnehmen. Imposantes Gebäude und insgesamt sehr beeindruckend.

Anschließend laufen wir durch einen Gang in die angrenzende Bibliothek. Der Lesesaal ist beinahe noch beeindruckender als die Kuppel des Capitols, aber nur beinahe. Die Architektur ist zwar ganz nett, wir denken aber die ganze Zeit „die haben doch einfach genommen was es schon gab und alles irgendwie verwurstet“. Richtig, denn das Capitol und die Stadt ist gerade mal knapp 200 Jahre alt. Ein interessantes stadtplanerisches Detail ist, dass die Fächerstadt Karlsruhe Vorlage gewesen sind, Washington in ähnlicher Form zu bauen (alle Straßen gehen fächerförmig auf das Capitol zu.)

Nach der Hot White Chocolate Coffee Latte Stärkung im Starbucks nehmen wir die U-Bahn zum Arlington Friedhof. Der Friedhof war mir vorher kein Begriff ist aber ein Must-Do in Washington.

Hier werden alle Kriegsgefallenen der USA begraben.

Ebenfalls findet man die Crews der verunglückten Space Shuttles und auch das Grab von JFK dort. Sehr beeindruckend sind, neben den tausenden weißen Kreuzen, die Gräber der unbekannten Soldaten. Diese werden 365 Tage, 24 Stunden bewacht. Den sehr zeremoniellen Wachwechsel muss man sich unbedingt anschauen. Wo in Deutschland monatelang über ein kleines Mahnmal für Gefallene diskutiert wird, gibt es in den USA einen regelrechten Veteranen und Gefallenen Kult. Man möge darüber denken wie man will, aber ich fand es sehr beeindruckend.

Nach dem Friedhof statten wir noch dem guten Lincoln einen Besuch ab. Der sitzt in seinem Memorial und kann irgendwie nichts als fotografiert zu werden...

Wenn man mal was essen will, findet man selbst in den USA keinen Fast-Food-Schuppen... Ausgehungert gehen wir dann halt ins Hard-Rock-Cafe. Nix besonderes an Essen und relativ teuer, aber trotzdem OK.

Im Hotel angekommen sind die meisten so fertig, dass nicht mehr weggehen wollen. De Kollege und ich wollen aber nicht nur rumgammeln. Die Mitfahrerkollegen sind bereits auf der Piste also nehmen wir uns ein Taxi (ist richtig günstig hier) und fahren in die Stadt. Hier lernen wir das erste Mal die US-Feierkultur kennen. Auch wenn die Clubs hier bereits um 2 Uhr schließen, geht man trotzdem erst um 12 aus der Kneipe raus und fällt in die Clubs. Genauso machen wir es. Dort angekommen kommen wir das erste Mal in Kontakt mit einheimischen Studenten. Krass ist wie hier getanzt und getrunken wird, die Leute ansonsten aber total prüde sind.

Am nächsten Tag ist der Kollege im Eimer aber die Museen rufen. Da die alle kostenlos sind, fangen wir im „National Air and Space Museum“ an und arbeiten uns über das „Museum of American History“ ins „National Nature History“ Museum vor.

Alle Museen sind „ganz cool“ aber oftmals eher für Kinder aufbereitet. Auch werden manche Sachen nicht ganz genau genommen... Da wird bei Kriegen schon mal der Erste Weltkrieg vergessen oder plötzlich haben die Deutschen Pearl Harbor überfallen... Egal – man muss alles einmal gesehen haben.

Zwischendrin schauen wir uns noch den Obelisken von innen an. Überraschenderweise ist dieser begehbar und man kann von oben einen herrlichen Blick über die ganze Stadt genießen.

Bei der abendlichen Kneipentour sind diesmal mehr Leute am Start! Gut angeheitert landen wir nach einer Collegebar am Ende in einem R&B Club. Nach einigen Minuten auf der Tanzfläche denken wir, dass irgendwas anders ist...Wir sind die einzigen Weißen im ganzen Club! Krass wie die Schwarzen abfeiern. Wir mittendrin kommen uns anfangs etwas komisch vor, aber alle sind super freundlich und am Ende war es echt cool am Martin-Luther-King Day mit dem Schwarzen richtig abzufeiern.

Nach der kurzen Nacht geht's am nächsten Morgen wieder zurück in den Süden. Als wir mit „You"ve got a problem?!" an einer Tankstelle von der Seite angemacht werden, wissen wir das wir wieder in den Südstaaten sind.

Jetzt steht eine 4-Tage-Woche an. „Business as usal" hat mich wieder.

Stimmung: Exhausted.
Location: Washington
Wetter: 9 Grad, Bewölkt

20 Januar, 2011 22:08

Pretzels!

Gestern und heute habe ich mal mein Auto bei Firestone durchchecken lassen. Mazda Protegé, Baujahr 2001, 169000 Meilen. Da es hier ja keinen TÜV gibt fahren die meisten ihr Auto so lange bis es regelrecht auseinanderfällt. Das merkt man vor allem auf dem Highway, wenn man alle paar Meilen ein liegengebliebenes Auto sieht, massig Reifenteile teilweise auf der Fahrbahn hat, neben einem bei einem fahrenden LKW grade mal so ein Rad platzt und der einfach weiterfährt oder wenn wegen eines Motorschadens einfach mal abrupt jemand auf der linken Spur anhält und ich ne Vollbremsung hinlegen muss.... Bevor mir das passiert investiere ich lieber vorher etwas Geld in den fahrbaren Untersatz. Letztendlich sind wohl meine Bremsscheiben recht abgenutzt und anscheinend fehlen mit einige Radbefestigungsmuttern(!)... Da wäre mir vielleicht beim nächsten Monsterschlagloch (die es hier zuhauf gibt) mal das Rad abgehauen. Nein danke.

Heute stellen wir mittags fest, dass neben dem Firestone direkt die „Bavarian Pretzel Factory“ is. Ne deutsche Besitzerin bietet dort typisch deutsche (bayerische) Küche (und Brot!) an und beliefert nebenbei auch die BMW Werkskantine mit Essen. Ist zwar gut teuer aber was macht man nicht fuer die monatliche Brezel oder einen Fleischkäse zum Mittagessen... Ich glaub wenns mich mal packt werde ich mir sicher auch mal das ein oder andere Brot dort kaufen (das amerikanische Labberbrot ist grausam).

Wenn einen Nachmittags beim Arbeiten irgendwann der Hunger packt...also ab zum Automat. Dann ists wie bei Homer Simpson. Dollar, Dollar raus. Dollar rein, Dollar raus. Argh.. Endlich gewählt...Dann bleibt der Riegel auch noch stecken...Unglaublich. Der Securitymann von nebenan hilft mir dann, indem er einfach mal schnell den Automaten kippt... Inzwischen habe ich jetzt fast alle ekligen Schokoriegel durch (einmal probieren muss reichen), heute war MilkyWay dran. Tja von wegen. Mars heißt hier MilkyWay...

Nach dem Feierabend geht es dann noch schnell ins Uni-Fitnessstudio um die Ecke und dann ist gut.

Stimmung: Kopfweh
Wetter: Bewölkt, im Büro wie immer Eiszeit...

28 Januar, 2011 20:49

Ein ganz normales Wochenende...

Heute mal wieder einer der beliebten Blogeinträge. Arbeitstechnisch läuft's inzwischen ganz gut. Ein Entwurf meines Exposés steht, was der genau Inhalt der Arbeit wird, muss ich allerdings noch abklären...

Das letzte Wochenende habe ich freitags in Downtown Greenville verbracht. Dort wird man allerdings um 2 aus der Disko rausgeschmissen, weil kein Alkohol mehr ausgeschenkt werden darf. Na ja wir waren dann noch in sonem Sportsbar Schuppen, der aber irgendwie mies war. Am nächsten Morgen war ich trotzdem irgendwie verdammt müde... Samstags bin ich dann mit einem Kollegen ein bisschen 1968er Mustang gefahren. Super geiles Teil und hat auch echt Spaß gemacht.

Abends haben wir dann von unserem Landlord (Vermieter) dann richtig geile Rips gemacht bekommen. So als Begrüßungsessen für mich. War ein Bauch-voll-schlag-und-viel-trinken-Abend mit nem Haufen Smalltalk. Mein Landlord Ian ist richtig cool drauf aber halt ein typisch konservativer Südstaatler. Trinkt viel und steht auf Kirche und so Krams. Untypischerweise ist er aber kein Waffennarr – eigentlich ganz sympathisch.

Um das Wochenende ausklingen zu lassen fahren wir Sonntags noch mal auf den Redneck-Flomarkt um die Ecke . Ich überlege mir echt die Rheinland-Pfalz-Flagge zu kaufen ☺ Die gibt es da einfach...

Nach einem Stopp im „Greenville Beer Exchange“ (1300 Sorten Bier gibt es da – der beste Laden in der ganzen Region!) geben wir uns Abends noch mal richtig geiles Essen.

Bevor wir in dem Steakhouse aber unser Steak bekommen, gibt es erst mal

Erdnüsse und so süßes Brot (schmeckt wie Dampfnudeln) mit Zimtbutter zur Vorspeise. Verrückte amerikanische Esskultur...

Stimmung: Heute Abend steigt die erste Farm-Party. Bierdurst ☺
Wetter: Morgen 17°C und Sonnenschein, top!
Location: Farm - morgen geht es mal schnell nach Atlanta...

01 Februar, 2011 21:33

Dumm lebt sichs auch gut

Von der Arbeit gibt es zur Zeit nur relative unspektakuläre Dinge zu berichten. Mein erster Entwurf für mein Exposé steht (danke an Stefan für den netten Input), mein Thema ist immer noch nicht klarer definiert, mein Betreuer antwortet auch nach einer Woche noch nicht auf meine E-Mail und wenn ich noch weiter recherchiere ersticke ich in einem Berg von Information (in der IT-Welt wird täglich das Rad neu erfunden – schrecklich). Wenigstens habe ich dank meiner Thesis irgendeine Beschäftigung auf der Arbeit. Die ganzen amerikanischen Praktikantenkollegen vertreiben sich die ganze Zeit mit Filme schauen – unglaublich...Nach der Arbeit versuche ich jetzt 2x die Woche wenigstens ins Fitnessstudio zugehen, mal kucken ob ich das durchhalte.

Letzten Freitag fand nun die erste Party auf der Farm statt – die Location schlechthin weil es keine Nachbarn, genug Platz und einen Tischkicker gibt. Außerdem wohne ich dort, d.h. der kurze Weg ins Bett ist mir sicher. Die Party war wie man sich ne Ami-Party vorstellt.

Wir haben Burger gegrillt, ganz viel Budweiser aus Dosen getrunken, mit Collegemädels aus roten Bechern irgendwelches undefinierbares Zeug runtergekippt und Wobble getanzt. Wobble? Ja das haben die Schwarzen hier im Blut. Ein Lied und im Club gehen alle drauf ab. Ist man weiß hat man es schlichtweg nicht im Blut...aber man kann es mal probieren.

Ne ähnliche Sache ist LineDance – total populär hier in den Clubs – erinnert mich an Macarena auf Rihanna...

Samstags haben Julian und ich uns dann mal nach Atlanta aufgemacht. Alle anderen waren natürlich schon dort (sind ja schon länger hier). Ganz ehrlich – wenn man in Amerika ist sagt man nicht „hey Atlanta – da muss ich unbedingt hin...“ Und ja –es lohnt nicht wirklich. Was gibt es zu sehen? Ein ganz nettes Aquarium und die Coca-Cola-World.

Dort kann man Fische kucken oder ganz viele widerliche Limonaden testen...

Krass in Atlanta ist, dass es fast nur Schwarze dort gibt. Ich bin noch nie U-Bahn gefahren und war der einzige Weiße. Hier kann man es erleben. Nicht dass das schlimm ist oder so, aber wenn hier in der Dämmerungszeit dann noch die ganzen Leute ablungern oder mit ihren Pimpkarren rumfahren, kommt man sich schon etwas komisch vor...

Gelernt habe ich aber eins an diesem Wochenende. Der Film „Idiocracy“ ist keine Science-Fiction. Wenn das hier so weiter geht wird es so enden. Die Leute hier sind teilweise so doof, das ist einfach unfassbar... Hier mal ein paar Beispiele:

- Beim Tischkicker sind die Ecken nicht abgerundet – ergo - Ball bleibt im Eck liegen Die amerikanische Lösung lautet: Einfach mal 3 Torwärte ins Tor stellen...
- Wal-Mart-Sortiersystem: Erst das Obst, dann die Früstueckssachen, dann Postkarten, dann Torten, dann Waschmittel, dann wieder Lebensmittel wie Käse und Tütensuppen.
- Im McDonalds redet der Bestellschalter nicht mit dem Ausgabeschalter. Man sagt einfach was man bekommt (so leicht bekommt man auch Getränke wenn man keine bestellt hatte...)
- In Atlanta werden Discounts nicht abgesprochen. Wir sind einfach zur Coca-Cola-World gegangen und haben gesagt, dass die im Aquarium gesagt hätten, dass wir einen Rabatt bekommen – zack – schon haben wir den Rabatt...
- Mit dem amerikanischen Führerschein kann man sich problemlos als Amerikaner ausgeben, da keiner nach Wohnort oder irgendwas fragt (und so z.B. eine Schrotflinte kaufen)

- Mit dem deutschen Führerschein kann man sich als Alles ausgeben (z.B. als Manager um einen Rabatt zu bekommen (hey I'm german).
- Ampeln die hintereinander angeordnet sind werden nicht synchronisiert. Schaltet die eine auf grün, schaltet die Ampel 10m weiter auf rot...
- Für die Amerikaner besteht Deutschland aus Autobahn und Bier. Nichts anderes. Geographisch sagt selbst Ramstein (die größte amerikanische Militärbasis) hier niemandem was...

Die Liste werde ich weiter ergänzen.

Ich sage nur: Ich bin so klug. K-L-U-K"

Stimmung: Leicht erkältet.
Location: ITRC, Farm, mal sehen
Wetter: 5 Grad, nebelig, Nieselregen

08 Februar, 2011 16:36

Was kostet die Welt?

15 Dollar! Soviel haben wir fuer eines der Topspiele der NBA bezahlt! Dallas Maveriks vs. Charlotte Bobcats. Die Dirk Novitzki Einmannshow war beeindruckend. Am Ende hatte Dirk alleine 31 Punkte erzielt und damit fast doppelt so viele wie seine Teamkollegen (von den Bobcats gar nicht zu reden). Da wir uns auch nicht mit dem zweitbesten zufrieden gegeben haben, verwaisten unsere billigen Plätze während 3 von 4 Quartern. Wir machten es uns derweil in der „Founders Suite" bequem. Doch Luxus hat seinen Preis. Auf Grund der etwas schlechten Sichtverhältnisse entschlossen wir uns nach einen weiteren Quarter erneut den Block zu wechseln. Im 103 Block konnten wir fast in die Defense der Bobcats eingreifen...

Der Abend entwickelte sich stilvoll weiter. Nachdem wir, auf Grund unseres gepflegten Äußeren und des zielstrebigen Auftretens, unsere VIP Bändchen für den teuersten Club der Stadt förmlich aufgedrängt bekamen, werteten wir diese Location durch unsere pure Anwesenheit sehr auf.

Da uns 200 $ für eine Flasche Wodka dann doch zu billig erschienen, wandten wir uns dem guten holländischen Bier zu, das uns die neidischen Blicke einiger 22-jährigen Bacheloretten einbrachte. In unserer unendlichen Güte erbarmten wir uns, ihr vor dem Bund der Ehe noch einige Dinge in Sachen

Junggesellenabschied beizubringen...

Am nächsten Tag wurden wir von Planungen zum Super Bowl förmlich überrannt. Nachdem sich über Gesichterbuch einige Leute einfach mal selbst zum Spiel eingeladen hatten, mussten wir diesem amerikanischen Sportereignis 4 Stunden unserer wertvollen Freizeit überlassen. Das Spiel war langweilig, die Regeln kapiere ich noch immer nicht und das einzig Gute waren die Werbepausen. Sogar für BMW South Carolina wurde Werbung gemacht!

Stimmung: Busy.
Wetter: Nasskalt, keine Sonne mehr

15 Februar, 2011 14:15

Redneck-Wochenende

Um dem amerikanischen Lebensstil gebührend zu begegnen leben wir das Wochenende wie der Durchschnitssüdstaatler. Nachdem wir uns Freitags bei Popcorn und Diet Cola „Sanctum“ im IMAX 3D reingezogen haben, beginnt Samstags der eigentliche Spaß. Wir besuchen eine Gunshow! Nein, hier werden keine Messer geworfen oder Schwarze von Baumwollfeldern vertrieben, aber es kommt schon nah dran. Nachdem wir der amerikanischen Waffenlobby, namentlich der NRA, 5$ „spenden“ bekommen wir Einlass in die Höhle des Löwen. Diese Höhle ist eigentlich eine alte Fabrikhalle und randvoll mit Waffen... Es gibt alles zu kaufen und man bekommt alles verkauft. Von der halbautomatischen Handfeuerwaffe über antike Revolver bis hin zum Stand-MG – es gibt wirklich alles...

Nachdem wir uns intensiv mit Schrotflinten und Hinterlassenschaften es Dritten Reichs (die Südstaatler lieben alle Deutschen – und zwar nur wegen Adolf und den Nazis...) beschäftigt hatten, haken wir diesen To-Do-Punkt auf der Liste ab und erklärten insgeheim alle Einheimischen fuer wahnsinnig. Nachdem wir auf der Autoauktion nebenan fast ein 75er Chevy Cabrio fuer 3000$ kaufen, machen wir uns auf zur ShootingRange.

Dort wollen wir unsere nicht-gekauften Waffen austesten. Leider hat irgendeiner beschlossen Ladenöffnungszeiten einzuführen, sodass wir vor verschlossenen Türen stehen. Naja dann muss das rumgeballere halt noch warten. Die Abendplanung sieht vor, wieder als Siemens-Manager getarnt einen Club zu besuchen. Nachdem wir uns im Wal-Mart mit Bier eingedeckt haben (und nebenbei wie der Durchschnittsamerikaner auch nur mit den Elektrobuggys durch den Markt heizen), kommen wir im Club an. Wie es sich gehört, begrüßt uns der Clubmanager persönlich und schmeißt erst eine Runde Bier. Da man dort am 12 sowieso sein eigenes Bier mitbringen darf, ist dies das erste und letzte Bier auf die Rechnung des Clubs.. Unsere Devise ist hier weiterhin: Zielsicheres Auftreten bei absoluter Ahnungslosigkeit. So leicht ist man hier VIP!

Um wenigstens ein bisschen Dampf abzulassen, ballern wir am nächsten Tag gegenseitig mit Farbkugeln ab.

Ist Paintball in Deutschland noch als eine Art Sport angesehen, ist es in den USA ganz klar ein Kriegsspiel. Wir spielen Capture the Flag, Häuserkampf im Nahen Osten, Häuserkampf im Ostblock, Sturm auf die Normandie und Woodland. Macht trotzdem richtig Spaß und die blauen Flecken halten sich in Grenzen.

Mit einem halben Kilo T-Bone-Steak beenden wir das Leben als Durchschnittsamerikaner Sonntag Abends.

22 Februar, 2011 15:11

Trip to Music City

Nashville! Ein kleines Städtchen in Tennessee hielt uns die Tage in Atem. Doch beginne ich von vorne. Nachdem ich meinen amerikanischen Führerschein bekommen habe, entschließen Milhouse, Nelson, Martin und ich das gewonnene Geld und die gewonnen Freiheit in einen Mietwagen zu investieren. Fuer die Ferien stand zur Auswahl. Disneyland, Florida oder Weltausstellung, Knoxville. Da die Knoxville-Weltausstellung eine Sonnenkugel zu bieten hat war die Entscheidung klar. KNOXVILLE! KNOXVILLE! KNOXVILLE!... Dort angekommen machte sich Ernüchterung breit....Ok, ok – das ist nicht unsere Story, sondern eine von Bart Simpson aber die Parallelen sind Unverkennbar.

Wichtig – wir waren auch in Knoxville! Von der Weltausstellung 1982(!) ist tatsächlich nichts übrig außer eine Sonnenkugel (Ob Perücken drin sind konnten wir leider nicht überprüfen) und ja, die Stadt kann ansonsten nichts. Also nichts wie auf den Highway Richtung Nashville. Nach einer langen Fahrt durch die Smokey Mountains konnten wir es uns im Hotel gemütlich machen und die Stadt unsicher machen. Hier lässt es sich wirklich gut feiern, da auf dem Broadway aus jeder Tür (Country) Live-Musik herauswabert und man es echt schwer hat zu entscheiden. Nashville zieht die Jugend aus der Großraum von ca. 4 Stunden Fahrt an, sodass wir unseren Spaß hatten!

Quasi direkt neben Nashville liegt Lynchburg – Sitz der Jack Danials Distillery. Ok – Lynchburg ist eigentlich 1 ½ Stunden weg und liegt mitten in Hillabilly-Land aber das tut nichts zur Sache. In der Distillery konnten wir unseren

Alkoholdurst allerdings nur virtuell stillen. Diese liegt nämlich in einem Dry-County, d.h. es herrscht die Prohibition...Rednecks...

Das Pantheon, da natürlich in Nashville steht, habe ich leider nicht mehr gesehen, dafür habe ich ein sehr schönes Hard-Rock-Cafe-Shirt erworben sowie meine Hutkollektion erweitert.

Stimmung: Noch 1 Woche bis Thesis-Start!
Wetter: 21 Grad, Sonnenschein

08 März, 2011 21:34

Alles auf Anfang

Zur Zeit habe ich sehr viel Stress mit meinem Auto...Doch dazu schreibe ich aber demnächst mehr – dann hat sich vieles geklärt. Im Voraus – ich fahre bald ein 5,60m Oldsmobile...

Heute will ich mal etwas aus dem Alltags-Nähkästchen plaudern! Letzte Woche startete ich offiziell mit der Thesis – gut dass ich bereits 2 Monate Arbeit reingesteckt habe. So kann ich mich ab jetzt auf die wichtigen Dinge konzentrieren. In der letzten Zeit waren die wichtigen Dinge vor Allem studentische Dinge wie Partys feiern oder Sport treiben... Letzte Woche haben 12 Praktikanten ihr Praktikum beendet und um dies gebührend zu feiern wurde mal wieder die Farm belagert. Wie immer sind viele Fotos entstanden und auch hier habe ich mir bereits den Ruf als Paparazzi verdient!

Weniger schön war, dass nach der Party der Wind uns einen Strich durch die Rechnung machte. Die Klimaveränderung macht auch vor South Carolina nicht halt, sodass unser gesamter Partymüll mal fein über das ganze Gelände geblasen wurde. War klar dass das unserem Vermieter nicht gefallen kann. Nach einer Standpauke über Sauberkeit haben wir uns aber bei einem Bier wieder versöhnt. Meine 2 Mitbewohner hat er zwar jetzt auf den Kieker, aber die müssen ja nur noch wenige Wochen aushalten.

Das mit dem Wind ist hier sone Sache. Vorschriftsmäßig gibt's hier überall Tornadoschutzräume, aber der bringt auch nicht viel wenn die eigene Holzhütte mal schön weggeweht wird...

Auch alles auf Anfang auch auf der Farm. Ich wohne jetzt in einem größeren Zimmer und bekomme im Laufe des Monats neue Mitbewohner.

Alles auf Anfang im Büro. Ich sitze jetzt auf einem netten Eckplatz (wo ich jetzt theoretisch alles Mögliche ungesehen auf meinem Monitor machen kann...

Alles auf Anfang in meinem Kühlschrank. Was sich doch alles beim einkaufen ansammelt... Neben 25 Tüten aus dem Wal-Mart...

Hmm lecker – Amerikanischer Supermarktfraß...

Aber ich habe „Old Spice“ gekauft. Das beste Deo der Welt…

Gut riechend konnte ich dann den Kölner Karneval besuchen. Ich berichtige – die Trauerveranstaltung um den Kölner Karneval beim Kollegen aus Köln im Haus.

Wie es sich für Kölner gehört, haben wir uns alle besonders hübsch gemacht und gut gefeiert.

Ok genug gefeiert. Diese Woche alles auf Anfang mit meinem fahrbaren Untersatz. Dazu demnächst mehr.

Stimmung: Angenervt vom Auto.
Location: ITC, Werk (ohne Auto komme ich nur da hin) ☺
Wetter: 11 Grad, bewölkt

09 März, 2011 16:54

Amerikanische Qualität

…hätte ich nicht von meinem Mazda erwarten sollen. Aber wenigstens fahren hätte er doch sollen. Nachdem ich das Auto gekauft und mindestens 3x reparieren hab lassen, entschließt sich der Motor einfach mal den Geist aufzugeben.

Die Signale waren unverkennbar. Erst ging die Batterielampe an, dann die Motorleuchte. Dann fiel bei 3 Grad Außentemperatur die Heizung aus und der Motor begann zu stocken. Ne halbe Meile vor meiner Werkstatt ging dann gar nichts mehr. Auf der Abbiegespur festgehangen, blieb nix anderes übrig als die Kollegen anzurufen. Die hatten auch nur den Rat: „Abschleppen lassen aber da ist sicher nicht mehr viel zu machen…".

Na Spitze. Ein Anruf mittags gab dann Gewissheit. Gebrochener Zylinderkopf und was das ich nicht übersetzen kann. Kosten von so 1500 – 2000$ das zu reparieren. Shit – das ist das Auto nicht mehr wert…

Das Geld verbrennen ist ein Problem, doch wie komme ich in die Arbeit, wie kriege ich das alte Auto los und wie komme ich an ein Neues ran.

Man muss sich arrangieren. Mein Auto holt ein Teilehändler ab, der es noch ausschlachten will. Ich bekomme symbolische 275$ dafür – immerhin… Auf die Arbeit komme ich nicht. Ne Mitfahrgelegenheit ins Werk habe ich – also diese Woche mal hier sitzen. Mit dem Laptop bin ich unabhängig aber ich bin froh wenn ich wieder im ITRC arbeite. Im Vergleich zu dieser grauen, dunklen Box in der ich jetzt sitze, ist mein ITRC Platz ein Traum. Ich sehe Tageslicht und das Wetter! Was gibt es besseres… Freue ich mich auf Montag. Da kann ich dann das Auto vom Mitbewohner übernehmen. Auch wenn es eher unfreiwillig war – ich fahre jetzt einen Straßenkreuzer. Oldsmobile von 1995 mit Lenkradschaltung. Amerikanische Technik und amerikanisch viel Blech. Die Karre ist so breit, dass vorne bequem 3 Leute nebeneinander sitzen können… Die Länge von 5,60m ist auch nicht zu verachten.

10 März, 2011 18:58

Der ganz normale Wahnsinn

Die Woche neigt sich dem Ende zu und die Stimmung steigt wieder. Heute habe ich mein neues Auto angemeldet und bin endlich wieder mobil! Auch wenn ich zwischen einigen Ämtern hin- und her pendeln musste, so bin ich nun endlich im Besitz eines neuen Autos und der zugehörigen Papiere.

Der vorläufige Spaßhöhepunkt diese Woche (Springbreak kann das eigentlich nur toppen) war aber die Shooting Range.

Während man in Deutschland einen Waffenschein und zwanzig Tauglichkeitsprüfungen braucht, geht man hier einfach auf die Range, zeigt seine ID vor, schaut sich einen sehr dramatischen Lehrfilm an und kann dann für 40$ ballern was das Zeug hält.

Als erfahrene Half-Life-Spieler mussten wir natürlich alles ausprobieren was Rang und Namen hat. Nachdem wir uns nur kurze Zeit mit den Kleinkalibern beschäftigt hatten, holten wir uns die richtigen Wummen.

Alles in allem sehr furchteinflößend und vor allem bei der Shotgun hauts einen fast um beim Rückstoß. Hier dienen Waffen sicher zur Durchsetzung der natürlichen Selektion, aber ich bin sehr froh, dass es in Deutschland nicht selbstverständlich ist, eine Waffe zu besitzen und schießen zu können. Hier in Amerika ist das Normalität und wir haben sogar ein Pärchen beobachtet, dass anscheinend sein erstes Date auf der Shooting Range hatte….Einfach bizarr. „I love you – *bambambam, Nachladesound*“.

Naja jetzt kann ich diesen Punkt auf meiner To-Do-Liste auch abhaken…

Stimmung: Endlich ein neues Auto – am Wochenende geht’s nach Florida!
Wetter: Schwül und regnerisch.
Location: Werk, ab Montag wieder ITRC

15 März, 2011 13:41

Spring Break | Panama City Beach, FL

Ich zitiere Wikipedia: "**Spring Break** (*engl.*, etwa: Frühlingsferien) ist eine meist einwöchige, manchmal auch zweiwöchige Pause des Studienbetriebes (Semesterferien) an den Colleges und Universitäten der USA. Für Hochschulen mit Quartalssystem kommt die Studienpause zum Ende des Winterquartals und vor Beginn des Frühlingsquartals; für solche mit dem Semestersystem ist es meist mitten im Winter- bzw. Frühlingssemester (das meist Januar bis Mai läuft). In dieser Zeit suchen Studenten oft warme Orte der USA, Mexiko oder die Karibik auf, um ausgiebig zu feiern. Oft kommt es bei diesen Feiern zu Alkoholmissbrauch und Drogenkonsum, sexueller Freizügigkeit, Promiskuität und öffentlicher Zurschaustellung von Nacktheit(Exhibitionismus).[1]"

Endlich Frühlingsferien! Oder nicht? Nein leider nicht aber man kann ja so tun… Nach der Woche in der grauen Bürobox freue ich mich riesig auf den Trip nach Panama City Beach, Florida. Hier im Hotspot des Springbreaks feiern wir das Wochenende ab und genießen den Abstand von der amerikanischen Prüderie!

In der vorlesungsfreien Zeit der Colleges zieht es tausende von Studenten und Studentinnen(!) aus dem ganzen Land an die Strände des Sunshine State Florida - dort wird dann ausgiebig "die Sau rausgelassen" und einfach nur abgefeiert.

Dieses Jahr gesellen sich noch 4 Deutsche dazu - und ja - wir hauen ordentlich auf den Putz!

Der Trip lässt sich schwer beschreiben aber ich versuche das mal auf den Punkt zu bringen.

Florida, bestes Wetter, Strand, Mädels, Bier, Suite mit Strandblick, größte Disko Amerikas, Fast Food, Roadtrip.

Alles in allem ein geiler Trip und ich freue mich schon auf den Florida „Urlaub“ nächste Woche!

P.S.: Wir haben ausnahmsweise mal sehr freundliche Polizisten getroffen...

18 März, 2011 14:38

The Ultimate Driving Machine

...ist der BMW Slogan in den USA. Cool und lässig - genauso wie wir es von der Abteilung diese Woche im "Performance Center" angehen haben lassen. Endlich nicht mehr nur graue Theorie, sondern 400 PS am Gaspedal und eine Rennstrecke vor der Windschutzscheibe. Für 100$ bekommt man hier das M3-Erlebnis, einen X5-Offroad-Parkuhr, das BMW-Erlebnis und eine Fahrt mit einem Testfahrer...

Eines der Highlights war ganz klar das Zeitfahren auf der M3-Strecke. Das Fahrzeug ist so sportlich und es ist so geil das Biest durch den "M-Button" auf sportlich zu trimmen. Einfach nur "ultimate".

Danach durfte jeder in ein X5-Ungetüm steigen und den Offroad-Parkur abfahren. Beeindruckend was dieses SUV doch für tolle Geländegängigkeit besitzt. 45° Hügel, Balancieren auf 2 Rädern oder 1m tiefes Wasser stellen keinerlei Problem dar. Jeder X5-Fahrer wird sein Fahrzeug wohl nie an diese Grenzen bringen, aber es ist umso erstaunlicher, dass man es kann!

Danach ging es zur "BMW Experience", d.h. wir durften 5 verschieden BMWs fahren. Diese Woche konnte man 135i, 335d, 550i, 750i und X6M fahren. Auch wieder auf dem Racetrack, auch wieder am Limit. Schade dass kein Z4 dabei war, aber es hat auch so richtig Spaß gemacht. Interessant dass selbst 5er und 7er sich auch noch vergleichsweise gut auf der Rennstrecke schlagen, obwohl das schon riesen Schiffe sind. Der X6M ist ein Biest, aber an diesem Auto ist eigentlich alles "zu viel". Zu viel Power, zu viel Blech, zu viel Gewicht, zu viel Abstand von der Straße. Ein SUV mit 500 PS ist zwar sicher auf der Autobahn spaßig, auf der Rennstrecke kommt aber irgendwie kein Spaß auf. Den meisten Spaß hatten wir mit dem 135i mit M-Paket. Klein, leicht, agil, voller Power. Mit dem Auto ist es richtig cool auf der Rennstrecke. Bald bekommt das Performance Center 1er Ms und dann müsste ich eigentlich noch mal hin...

Zum Abschluss durften wir noch ne Runde mit nem Testfahrer im M3 mitfahren. Ohne Traktionskontrolle mutiert das Auto zu einem Monster, das man als Rennfahrer ans Limit treiben kann. Jeden Tag wird ein Satz Reifen abgefahren und wenn man sich permanent am driften befindet, ist das auch kein Wunder...

Insgesamt der beste Nachmittag seit langem. Endlich BMW, endlich M3, endlich glühende Reifen.

29 März, 2011 14:45

Florida mit Moss

Im Gegensatz zu allen vorigen Trips bin ich bei der Woche Florida mal nicht mit BMW Kollegen unterwegs. Stattdessen kommt mein Informatiker-Kumpel aus Deutschland vorbei und leistet mir Gesellschaft beim Roadtrip. Man kann sich den Trip ein bisschen wie den Ausflug der IT-Crowd vorstellen. Ich, Roy, der Nerd, sowie Moss, der trockene Computer-Crack...

Trotz der Umstände, dass ich der einzige bin der Alkohol, Kaffee und Sonne verträgt, war der Trip sehr spaßig. 2200 Meilen hat mein neues Auto nun auf dem Buckel – und es hat sich sehr gut geschlagen!

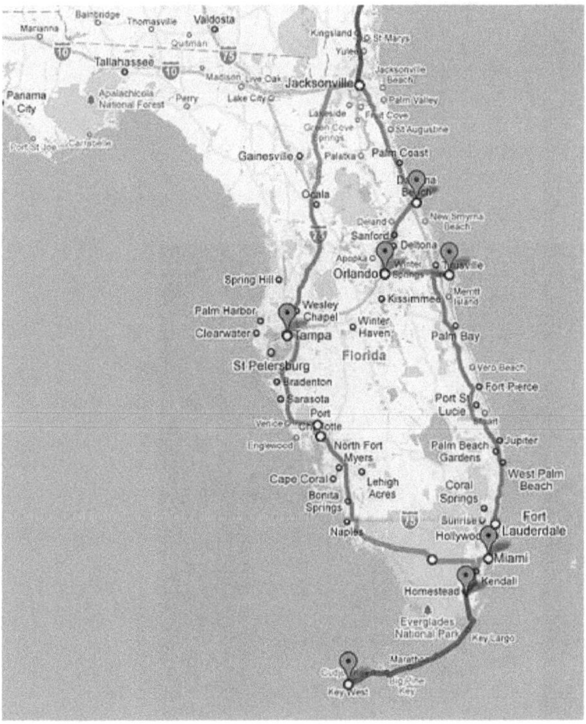

Es startete auf der Farm

War auf dem (Spring Break) – Strand in Daytona Beach,

auf dem Parkplatz des Kennedy-Space-Centers,

vor den Universal Studios in Orlando,

mitten in der Innenstadt von Miami,

in den Everglades,

auf Key West,

und am Ende wieder zuhause.
Der Trip war krass aber mehr als vier unbezahlte Urlaubstage kann ich mir grad nicht leisten… Trotzdem haben wir echt sehr viel gesehen.

Highlights waren sicher das Kennedy-Space-Center,

in Miami mit der kostenlosen Railbahn rumfahren,

sowie die Tour in die Everglades.

Enttäuschend waren die Florida Keys, die außer Highway nichts zu bieten haben. Hier hat man nur als Taucher seinen Spaß.

04 April, 2011 22:20

Going nuts in Charleston

Zur Halbzeit meines Praktikums nimmt die Taktzahl der Urlaube nicht unwesentlich zu… Nach Nashville, PCB und einer Woche Florida ging es jetzt direkt weiter in die schöne Hafenstadt Charleston.

Wir Farmbewohner (+X) machen an diesem Wochenende eine der ältesten Städte des Südens (knapp 300 Jahre) unsicher! Man kann dort einige „historische“ Gebäude anschauen oder weiter in die amerikanische Waffenkultur abtauchen. Natürlich machen wir letzteres und besuchen einen Flugzeugträger aus dem 2.WK.

Dort kann man wie bei Battlefield auf dem Flugdeck respawnen oder wie bei Hot Shots Würstchen am Exhaust grillen

Außerdem kann man in einem U-Boot rumklettern oder sich als Flugabwehrschütze probieren.

Tags drauf machen wir eine Bootstour zu einem, angeblich tollen, Fort namens Sumter. Das muss man nicht kennen, da es nach 200 Jahren aussieht wie europäische Burgen nach 1000 Jahren. Verfallen und vergessen, aber inzwischen wieder historisch bedeutend, da hier wohl der erste Schuss im Civil War

zwischen Nord- und Südstaaten gefallen ist.

Partytechnisch noch relativ unbefangen, habe ich meine beiden neuen Mitbewohner abends in die amerikanische Feierkultur eingeführt. Sie waren begeistert – auch weil wir uns das beste Wochenende ausgesucht hatten! Die Straßen der Innenstadt sind sonst schon von vielen hübschen Mädels bevölkert, da aber an diesem Wochenende noch der 6 Meilen „Copper Bridge Run“ stattgefunden hat, konnten wir nur noch staunen und schön abfeiern

Nach 2 Paletten Bier, 2 Nächten im Best Western, einer Fahrt im Party-Van und 2 GB Fotos müssen wir die schöne Stadt verlassen und uns dem Arbeitsalltag wieder widmen. Schön wars und ich will unbedingt wieder hin.

13 April, 2011 15:52

Charlotte reloaded

Nachdem wir freitags die kleinste Farmparty ever machen (7 Leute aber dank Partymusik einfach nur gut!), wollen die Mitbewohner samstags unbedingt nach Charlotte um dort weiter abzufeiern.

Da ich wegen Florida einiges weniger an Gehalt bekommen habe, mache ich dieses Wochenende einen auf Schwabe und möchte nicht dort übernachten.

Trotzdem geht's mit nem Autos voller Amis nach Charlotte auf den NASCAR-Speedway. Dort findet die größte Autoshow der Südstaaten statt. Ich hatte viel erwartet, nicht aber dass an die 100.000 Autonarren die Gegend unsicher machen.

Die gesamte Rennstrecke ist erfüllt von Benzingeruch, Männerschweiß und Motorenlärm und überall wetteifern Mustangs, Cobras, Hot-Rods und Trucks um die lüsternen Blicke der Besucher. Ein echtes Erlebnis! Wenn man dann noch in den Steilkurven der NASCAR-Strecke rumklettert, möchte man doch schon mal gerne bei so einem Event dabei sein

Ich fahre danach zurück nach Greer, da die Amis am nächsten Tag noch wandern möchten. Da ich die Partyszene von Charlotte schon kenne, ist mir das ganz recht. Sonntags in der Früh geht's dann in den Dupont State Forest. Ein kleiner Teil der Appalachen in der Nähe von Greenville, aber sehr schön zum rumwandern und Wetter genießen.

Nach diversen Städtetrips habe ich die Natur ja schon ein bischen vermisst. Bei 28°, wunderschönem Sonnenschein genießen wir die Wanderwege, die vielen Wasserfälle und einen schönen Seeblick. So stelle ich mir einen Sonntag vor!

Leider war auch dieses Wochenende wieder viel zu schnell vorbei.

18 April, 2011 20:05

One night in Savannah

Nachdem wir vergangene (Arbeits-) Woche dank diversen Grill- und Bierorgien erfolgreich rum gebracht haben, steht dieses Wochenende wieder ein Kurztrip an. Nach einer durchzechten Nacht im Redneck-Club „Blind Horse“ machen wir uns Samstags morgens auf Richtung Savannah.

An der Atlantikküste Georgias finden wir ein kleines Städtchen vor, das nicht nur äußerlich Charleston ähnelt, sondern in dem sich auch genauso gut feiern lässt. Bevor wir uns aber unser Feierabendbierchen genehmigen können, wollen wir erst mal noch einen schnellen Ausflug an den Ozean machen. In Tybee Island fühlen wir uns allerdings wie die Milch im Kaffee… Irgendwie läuft dort gerade eine Party ab, auf der nur Schwarze sind…

Auf dem windigen Steg machen wir „Whitebreads“ nur ein paar typische Touristenfotos, bevor es den Mädels zu mulmig wird und wir uns wieder ins Hotel verziehen.

Unseren Frust über einen

unnötigen Strafzettel haben wir beim Abendessen schon wieder vergessen. Nach der Fast-Food-Woche geht es gerade so weiter. Fried-Chilli-Cheese-Fries bilden die beste Grundlage für eine durchzechte Nacht. Diese endet morgens um 5 wieder im BestWestern…Feiern geht gut in Savannah.

Nach der obligatorischen Touristentour durch den Hafendistrict,

einem Konterbier und einem sehr leckeren Shrimp-Lunch, machen wir uns Mittags wieder auf gen Greenville.

Mit dem Kauf 100 Chicken McNuggets (20$...) qualifizieren wir uns beim Abendessen für den Titel „Durchschnittsamerikaner“ bevor wir erschöpft ins Bett fallen.

25 April, 2011 22:10

Chicago – The Windy City

Auch dieses Wochenende war die Farm mal wieder verwaist. Uns zog es nach Las Vegas, Boston und Chicago. Ich flog mit der letzteren Gruppe Donnerstag Mittags gen Norden. Chicago, architektonische Perle am Lake Michigan lautete das Ziel

Dem Spitznamen „Windy City“ machte die Stadt alle Ehre, und so schlugen wir uns Donnerstags und Freitags mit kühlen 10 Grad, Regen und Wind herum. Bei

diesem Wetter konnten wir nur am Boden bleiben und die Stadt aus den verregneten Fenstern eines Sightseeing-Busses anschauen.

Nach einer typischen „DeepDish-Pizza“ (man kann es sich wie eine amerikanische Pizza-Torte vorstellen) stiegen wir Abends in einem gediegenen Jazzclub ab.

Am nächsten Morgen waren wir alle ausgeruht und der Wettergott meinte es gut mit uns. Wir konnten einen herrlichen Sightseeing-Tag in dieser faszinierenden Stadt verbringen. Chicago wurde vor 150 Jahren von einem verhehrenden Feuer verwüstet. Anstatt die Stadt aufzugeben, wurde sie noch prunkvoller als vorher wieder aufgebaut. Die ersten Wolkenkratzer entstanden in Chicago und auch heute stehen mit Willis-Tower (früher Sears-Tower) und John-Hancock-Tower einige der eindruckvollsten Vertreter dieser Häusergattung in der Stadt.

Die Besteigung des Sears-Tower sollte man nicht an einem Ostersamstag in

Angriff nehmen. Nach 3 Stunden(!) Wartezeit durften wir endlich unsere typischen Touristenfotos auf dem Glasboden machen...Besser war da der folgende Abend auf dem Hancock-Tower. Hier mussten wir nur 30 Minuten warten. Oben konnten wir einen herrlichen Blick über die Stadt genießen. Die Bar im 94ten Stock versorgte uns mit genügend Bier,

sodass wir mit dem Sonnenuntergang erleben konnten, wie die Stadt zum Leben erwacht.

Nach einer gratis Popcorn-Probe (Käsepopcorn – Prädikat widerlich) holten wir uns am nächsten Tag noch weitere Touristenfotos im Millenium Park. Eine der Hauptattraktionen ist hier die „Bohne“. Komplett verchromt spiegelt sich die Skyline der Stadt in dem Kunstwerk. Beeindruckend.

Die Flucht aus dem Großstadtdschungel treten wir Sonntagmittag mit Southwest an.Abends landen wir wieder in Greenville. Hello again Rednecks. Hello again schwüles Greenville.

02 Mai, 2011 18:10

Crazy Weekend - Part IV

Dieses Wochenende haben wirs mal ruhig angehen lassen und eine weitere legendäre Farmparty veranstaltet. Nachdem wir von den ortsansässigen Rednecks mit Massen von Chicken-Legs versorgt wurden (Prädikat: sehr lecker) waren wir gestärkt um die Party zum Höhepunkt zu bringen.

Wer hätte das gedacht, aber der Spaßpegel der letzten Feste lässt sich noch steigern. Dieses Mal verzog sich keiner nach Downtown, sondern wir holten den Dancefloor einfach zu uns in Wohnzimmer - einfach nur crazy... Mehr kann ich dazu nicht mehr sagen.

Der Samstag war dementsprechend ernüchternd... Bei den Domestics am Pool ließ es sich allerdings aushalten!

Ausgeschlafen machten wir uns Sonntags auf zur traditionellen Maiwanderung. Diesmal leider ohne den Bollerwagen voll Bier aber trotzdem ne schöne Strecke.

In den Smokey Mountains hatten wir einen schönen Ausblick auf den "Ceasars

Head". Nice.

Ein entspanntes Wochenende geht mit "FastFive" im Kino zu Ende... Ein Film in dem Spezialeinheiten der Polizei ohne Probleme nen Auto komplett zerlegen und wieder zusammenbauen können...

09 Mai, 2011 18:01

Holding the line in Greenville

Scheiße. Genau. Geil. These are typical German filler words my American friends take back home. Sadly the longest internship needs to end and the domestics must go back to college.Thanks Joe, Ryan, Derek, Bill, Louis, Brittany and especially Meghan for the awesome times I spent with you. I will remember a lot of nonsense talk during lunchtime, nights we partied really hard, city trips, hikes, movie nights, driving events and so on… I also learned a lot of new vocabulary (like "ingenuity" or "unlawful" ;-) !
If I'm in Pennsylvania, Virginia, Michigan or Massachusetts sometime, I will definitely give you a call!

After the last rotation of international interns went home end of April, I'm now the senior intern… Also greetings to all the people that already went back to Germany a few weeks ago. Thanks 2x Daniel, Stefan, Franz, Julian for the fun we had together!

So– "I'm reporting for duty" – the last time before I will fly back home on 7th of July.

Plans for this month include finishing my thesis and then partying really hard…. In June I need to organize everything I need to organize before going back to Germany. In the first week of July we will be again "on the road". The farmers and I want to see Boston and New York! It will be a good finish for my internship. In summer I try then to start my masters degree or to start working at a big car manufacturer located in Munich…

16 Mai, 2011 20:07

Tybee Island - Part II

Nachdem ich das letzte Wochenende damit verbracht habe viele alte Bekannte zu verabschieden, ging es dieses Wochenende mal wieder mit den "Germans" auf die Piste.

Ein ganz untypischer Trip stand an. Campen! Nachdem wir uns im Wal-Mart mit ausreichend Grillgut, Bier und Zelten eingedeckt hatten, gings auf Richtung Hilton Head an der Küste South-Carolinas. Doch halt. Spätestens als uns das Navi durch Savannah schickte, war klar dass wir wohl nicht in SC campen würden. Richtig - uns verschlug es letztendlich auf Tybee Island in Georgia - hier haben wir das letzte Mal einige interessante Erfahrungen mit einigen Schwarzen gemacht (siehe... "One night in Savannah)... Dieses Mal war es allerdings wesentlich angenehmer. Wir beschäftigten uns eigentlich die ganze Zeit mit grillen und kochen und wenn wir mal Zeit hatten, wurde einige Biere geköpft.

Ein wirklich entspannter Trip. Kulturell haben wir uns noch 2 Forts reinzogen. Inzwischen habe ich alle wichtigen Forts des Civil Wars durch ☺ Ausklingen ließen wir den Trip am Atantikstrand. Jetzt aber wirklich auf Hilton Head...

Mal ein ganz angenehmes Wochenende - vorallem wenn Smartphone, iPad und Fernseher mal aus und ganz weit weg sind.

Achso Fernseher... ich habe mir mal wieder einen im Wal-Mart "geliehen". Den 42"-TV gebe ich vor der Abfahrt gen Heimat einfach wieder zurück! Ich liebe Amerika!

Wetter: Bewölkt, 26°
Status: 2 Wochen Thesis und 6 Wochen Greenville sind noch übrig!

18 Mai, 2011 14:53

Was Deutsche von den Amerikanern lernen können

In meinen bald 5 Monaten habe ich viel über die "verrückten" Amis geschrieben und dass alle hier am Rad zu drehen scheinen. Doch selbst von den Amis können sich die Deutschen einige Scheiben abschneiden was diverse Dinge angeht.

Uniformen eliminieren soziale Unterschiede.

Auch wenn viel über das amerikanische Arbeitssystem, mit seinen 7 Tage Wochen und fehlender Krankenversicherung, gemeckert wird. Was mir hier besonders gefällt sind die Arbeitsuniformen. Es gibt viele hässliche Exemplare, aber die meisten, auch diese hier im Unternehmen, sind sehr schick (es gibt Polos, Pullover, Longsleeves, blaue und weiße Hemden) und vermitteln einen gewissen Coolness-Faktor. Neben dem klaren Vorteil, dass man morgens nicht lange nach Klamotten suchen muss, steigt die Verbundenheit zum Unternehmen und das Bewusstsein für die Arbeit. Wenn ich meine Klamotten anhabe, gehöre ich dazu und verhalte mich auch anders. Speziell bei BMW hat die "Uniform" noch den Vorteil, dass der Vorname aufgestickt ist und man so nie Verständigungsprobleme hat. "Hallo äh ..." gehört der Vergangenheit an. Das Konzept der gleichen Ebene drückt sich auch so aus, dass man vom Bandarbeiter bis zum Werksleiter jeden mit Vornamen anredet. In Deutschland undenkbar ist das hier Gang und gebe und hilft einem schnell in ein Gespräch zu finden. Klar ist es hier dann schwer Oberflächlichkeiten von persönlichen Dingen zu unterscheiden, aber in einigen Wochen hat man auch das raus.

Generelle Freundlichkeit und Optimismus

Während in Deutschland jeder erst einmal wesentlich pessimistischer an Dinge rangeht, ist das hier anders. "The american way of life" existiert noch und verschafft den Menschen hier eine gewisse Grundfröhlichkeit, die erst einmal ansteckend ist. Viele Freundlichkeitsfloskeln sind aufgesetzt, aber oftmals haben die Menschen oft ein Interesse an dem eigenen Befinden und freuen sich wenn man auf "How are you" auch mal "Fine. Today is a nice day" antwortet. In Deutschland regen wir uns zu oft über kleine Dinge maßlos auf. Hier wird das oft mit einem Schulterzucken hingenommen und "es wird schon weitergehen". Ob das Auto am Straßenrand liegt oder der Schuldenberg exorbitant wächst. Alles ist halb so schlimm und wird oft auch mit einer gesunden Dosis Sarkasmus ausgeglichen ("Meine Studiengebühren sind so hoch - aber was soll es - 2027 habe ich alles abbezahlt..."

Kunde ist König

Während in Deutschland der Kunde im laufenden Betrieb nur zu stören scheint, so steht er hier in Amerika noch im Mittelpunkt. Generell wird man überall herzlich begrüßt und nach dem Befinden gefragt. Im Restaurant bekommt man ungefragt Wasser hingestellt, oft auch kleine Snacks. Gerne geben die Bedienungen Auskunft über ihre eigenen Lieblingsessen und wenn man mal nach rekordverdächtiger Zeit sein Essen vor der Nase hat, wird man (fast schon zu oft) gefragt ob es schmeckt. Ist dies nicht der Fall kann man auch das halbaufgegessene Steak ohne Probleme zurückgeben und bekommt ein Neues. Ist der Kunde zufrieden muss man sich nicht vor schlechten Restaurantkritiken im Internet fürchten (diese zählen hier wesentlich mehr als in Deutschland). Auch im Supermarkt ist der Kunde noch König. Ich habe oft über die „dumme" Wal-Mart-Politik geschrieben – viele Artikel ungefragt 90 Tage zurückzunehmen. Eigentlich sollte sich Real, Media Markt und Co. da mal eine Scheibe abschneiden. Wenn ich nach einigen Wochen Gebrauch ein Gerät doch nicht benötige oder es nicht passt gebe ich es zurück. In Deutschland muss man einen triftigen Grund angeben, wenn man mehr als 14 Tagen auf der Matte steht. Hier werden Produkte auch teilweise weit nach 90 Tagen auch ohne Kassenzettel zurückgenommen (z.B. ein ein Prakti hier sein Navi 1(!) Jahr nach Kauf bei BestBuy auf Kulanz zurückgeben können) – das ist Service!

Weitere Kleinigkeiten werde ich in Deutschland vermissen. So mühe ich mich in Karlsruhe beim Aldi permanent ab, die Scangeschwindigkeit der Kassiererin mit meiner Einräumgeschwindigkeit zu synchronisieren. Das schaffe ich oft nicht und dann stapeln sich meine Sachen um die Kasse rum. Hier im Aldi hat keiner

Probleme damit, dass die Kassiererin „deine“ Sachen noch mal in die Hand nimmt und in einen bereitgestellten Wagen räumt. Man stellt dann seinen leeren Wagen neben den vollen und geht. Geht alles viel schneller und ist für den Kunden sehr bequem.

Selbst die Post ist so freundlich hier, dass sie einem Post und Pakete bringt, diese aber auch mitnimmt wenn man sie in den eigenen Briefkasten legt und das Fähnchen hochmacht. Öffentliche Briefkästen würden hier als extreme Unfreundlichkeit der Post abgestempelt werden und ignoriert werden.

Leistungsbereitschaft

Auch wenn die Deutschen sicherlich kein faules Volk sind, so lädt unser Sozialsystem doch ein, sich auszuruhen. Hier weiß man – „wenn ich keinen Abschluss habe muss ich unter der Brücke schlafen..“ Das beflügelt allgemein und hat alle Amis, die ich so getroffen habe, dazu gebracht horrende Kredite aufzunehmen und Praktikas in den entlegtesten Orten der USA zu machen. Wer nichts macht wird es auch zu nichts bringen. Vom Tellerwäscher zum Millionär ist immer noch ein schwerer Weg, die andere Richtung ist aber wesentlich einfacher. Geld ist in den Staaten wesentlich flüssiger. Hält man es nicht zusammen, fressen Lebensstil und Faulheit gerne mal einen Löwenanteil weg.

Umzugsbereitschaft

Für einen Amerikaner ist es selbstverständlich, dass er dort hinzieht wo er Arbeit findet. Der enorme amerikanische Erfolg von Facebook gründet sich auch auf solche Tatsache, dass ein amerikanischer Freundeskreis über gigantische Entfernungen verstreut sein kann. Der Umzugsort ist dann schnell die neue temporäre Heimat. Ein Eigenheim ist auch deshalb nur aus Holzlatten zusammengenagelt, da man es ja jederzeit wieder verkaufen möchte. Das europäische Konzept „Ich baue ein Haus und wohne dort die nächsten 60 Jahre" ist hier nicht bekannt. Ich denke auch bei uns wird diesbezüglich bald ein Umdenken einsetzen, wenn die Verstädterung weiter zunimmt und zunehmend Landstriche veröden.

Trotzdem hängt man hier auch an seiner Heimat und freut sich natürlich auch wieder Freunde und Familie zu treffen. Das Wiedersehen ist dann aber oft ein großes Fest und verkommt nicht zu täglicher Routine. Weit weg wohnen hat auch seine Vorteile.

Weniger Verkehrsregeln sind oft mehr.

Die deutsche Verkehrsregelungswut vermisse ich hier nicht. Auch wenn hier jeder vom fehlenden Tempolimit in Deutschland schwärmt, so fährt es sich hier mit Tempolimit, aber mit weniger Verkehrsregeln, wesentlich gemütlicher. Rechts und links überholen ist kein Problem, funktioniert aber tatsächlich nur wegen dem existierenden Tempolimit von 60-70 Meilen/h. An der Ampel rechts abbiegen geht fast immer. Jeder cruist gemütlich durch die Gegend und ist stressfrei. Keiner Drängelt oder regt sich künstlich auf. An der Ampel wird auch mal gebremst wenn es grad gelb wird und wenn man mal zu schnell fährt - man kann immer noch den Officer aus einer Strafe rausreden (versucht das mal bei einem Blitzer...).

Grüße an Ute, die bereits die finnischen Tugenden aufgezählt hat:http://uteunterwegs.de/2011/05/was-die-deutschen-von-den-finnen-lernen-koennen/

23 Mai, 2011 16:06

Die Pälzer kummen

...und zwar von Miami nuff zu mir. Nach einer längeren Autofahrt erreichen Luke und Christian freitags Nachts die berühmt berüchtigte Farm in South Carolina.

Spontane „he ich hab meine Diplomarbeit fertig und komm mol vorbei"-Aktionen sind doch einfach das Beste. Nachts um 3 köpfen wir erst mal noch ein paar Bierchen und ich genieße es nach monatelanger Pfälzisch Abstinenz mal wieder richtig Dialekt zu babbeln.

Um den Aufenthalt in den Südstaaten so authentisch wie möglich zu gestalten, gehen wir am nächsten Morgen erst mal ausführlich im „Dennys" brunchen. Der Vorschlag, danach ballern zu gehen, trifft auf allgemeinen Zuspruch... Gesagt, getan routiniert stellen wir den Einsatz der Navy Seals nach und ballern natürlich auf das „currently most famous target" – de Osama Diese Amerikaner – immer wieder für einen Spaß zu haben.

Mein 2ter Besuch auf der Shooting Range ist wesentlich unkomplizierter und es ist erschreckend, wie schnell doch eine Art Routine beim Umgang mit Waffen einzieht...

Nach 2 weiteren BBQs, einem obligatorischen Abend in einer amerikanischen Sportsbar und einer ausgiebigen Shopping-Tour brechen die beiden zu ihrem weiteren Urlaub auf, der sie bis nach Canada führen wird.

Mehr dazu im Blog der beiden:http://engineeronboard.wordpress.com/

01 Juni, 2011 16:54

St. Louis + Nashville Part II

An einem sonnigen Tag Anfang Mai entschieden wir uns gen Süden zu fahren. New Orleans sollte das Ziel lauten. Also mal wieder auf Arbeit zig E-Mails hin- und hergeschickt und nach einiger Zeit hatten wir ein Hotel, Mietwagen und die Gewissheit, dass 12 Stunden Fahrt verdammt lange sein werden... Je näher unser Trip kam desto krasser wurden die Wetterkapriolen hier im Südosten der USA. Nachdem in dem umliegenden Bundesstaaten 89 Menschen bei Tornados umgekommen sind, wurde auch noch die Region am Mississippi-Delta (wo New Orleans liegt) von Hochwasser bedroht. Schweren Herzens entschieden wir uns 3 Tage vor Abfahrt den Trip zu stornieren. Wir hatten allerdings immer noch den Mietwagen und ein langes Wochenende (wegen Memorial Day) vor uns. In einer Nacht-und-Nebel-Aktion entschieden wir nach dem Adlersuchprinzip auf der USA-Landkarte nach St. Louis, Missouri zu fahren. Auch eine Stadt am Mississippi, auch ganz schön weit weg und "irgendwas wird’s da schon geben".

Die Truppe war echt cool und voller Partylaune starteten wir Freitags mit einem kleinen BMW 328i und unserem Mietwagen gen Nordwesten. Standesgemäß für die USA haben wir uns einen GMC Yukon mit 250 PS und einer 5,7 Liter V8 Maschine gemietet.

Wenn die Spritanzeige am Berg auf einen Verbrauch von 2 Miles/Gallon umspringt, weiß man warum in den USA der Spritverbrauch ins Astronomische steigt... BMW holt dieselbe Leistung aus kleineren Motoren mit wesentlich weniger Spritverbrauch raus...

Angekommen in der Stadt des "Gateway to the West" bestaunten wir erst mal das Monument für die Westexpansion, quasi den in Stein gemeißelten Gateway to the West, den "Gateway Arch". Dieser ist unbeschreibliche 192m hoch und vor allem nachts kommt man sich vor, als ob man den Ringplaneten von "Halo" anschaut. Beeindruckend!

Sonntags konnten wir auch mal den Blick auf die Stadt genießen, wobei doch einigen beim Anblick des fensterlosen Aufzugs oder der schwankenden Spitze ganz mulmig im Bauch wurde...

Mulmig im Bauch wurde uns auch beim Genuss von zu viel Freibier in der Budweiser-Brauerei. Diese "traditionsreiche" Brauerei hat das lächerliche Alter von 130 Jahren und stellt in St. Louis die besonders widerliche Sorte "Bud Light Lime" her.

Egal. Alkoholtourismus muss sein.

Nach dem obligatorischen Touristenfoto an der Route 66 und dem angebliche "besten Eis" Amerikas bei "Ted Drews" statten wir noch dem örtlichen Science-Center einen Besuch ab. Wissenschaftlich korrekt konnten wir hier lustige Mini-Arches bauen oder uns erklären lassen, dass die Space-Station Räder zum landen hat...

Um unsere gemachten Forschungsergebnisse gebührend zu feiern, beehrten wir an diesem Abend noch einen netten Club, der augenscheinlich nur mit Bachelorетten gefüllt war. Gut dass hier jedes Mädel mit 21 heiratet und mit ihren netten Freundinnen noch mal richtig einen drauf macht...Der Abend verlief standesgemäß.

Um die Rückfahrt etwas zu entzerren (was nicht gelang, da wir damit 2 ellenlange 6 Stundenfahrten hatten...) fuhren wir bereits Sonntag schon mal gen Süden und legten in der Countryhauptstadt in Tennessee, Nashville, einen Stopp ein. War es bei meinem letzten Besuch noch vergleichsweise kalt, konnten wir dieses Mal auf der Straße tanzen und in diversen Countrybars die Kuh fliegen lassen. Die Heimatstadt von Johnny Cash und Co. ist einfach ein super Ort um Party zu machen.

Am nächsten Tag statteten wir noch dem größten Höhlensystem der Welt, die Mammoth-Caves in Kenntucky, einen Besuch ab und machten uns dann auf unseren viel zu langen Heimweg.

Es spricht für den Trip, dass fast alle Mitfahrer nun auf der Arbeit abhängen und sehnlichst das nächste Wochenende erwarten. Jeder kränkelt rum...

Zum Glück ist meine Thesis abgegeben!

Zustand: Krank, Halsweh, dumme Klimaanlagen
Temperatur: 39° C im Schatten, Schwül

06 Juni, 2011 22:05

Was Amerikaner von den Deutschen lernen können

Waffengesetze...

...werden nicht zum Spaß gemacht, sondern sollen Waffen in kundige Hände geben. Das Märchen das Waffen doch das Uramerikanischste sind und unbedingt zur Selbstverteidigung gebraucht werden, sollten selbst die Amis nach "Bowling for Columbine" doch verstanden haben. Trotzdem predigt hier die NRA weiterhin das Recht zur Selbstverteidigung denn "wenn jeder eine Waffe hätte könnte man den Amokschützen ja auch zur Strecke bringen"... Unglaublich...

Umweltfreundlich

...sollte nicht nur auf jeder Plastikflasche die jetzt "mit weniger Plastik" hergestellt wurde stehen, sondern auch mal in den Köpfen der Menschen Einzug halten. Die Resourcenverschwendung nimmt in diesem Land Formen an, die unvorstellbar sind. Warum müss man jeden kleinen Artikel an der Wal-Mart Kasse in eine eigene Tüte packen? Warum verkauft man Wasser nicht in

Mehrwegflaschen, sondern grundsätzlich in winzigen Plastikflaschen? Und warum muss man überhaupt Wasser in Flaschen kaufen? Leistungsfähige Kläranlagen können auch Trinkwasser produzieren, dass nicht wie Schwimmbad schmeckt! Warum muss man ein riesen SUV in der Stadt fahren, nur weil man vllt mal "ein Boot ziehen" muss?! Unverständlich. Aber Deutschland wird hier in den nächsten Jahren einen großen Markt haben. Spätestens wenn der Spritpreis hier europäische Dimensionen annimmt, wird man sicher mal über alternative Energien oder einfachste Dinge wie öffentliche Verkehrsmittel nachdenken... Wir haben dann hoffentlich die passenden Lösungen in der Tasche und können damit gut Geld verdienen.

Radio...

...ist besser wenn Musik läuft. Wenn es hier eins gibt dass ich hasse, sind es Morningshows mir Ryan Seacrest, dem beliebtesten Radiomoderator Amerikas. Wer bitteschön hört sich gerne einen sinnfreien Dialog von drei Radiomoderatoren an?! Das nervt! Außerdem ist der Informationsgehalt gleich Null. Wo in Deutschland halbstündlich Nachrichten und Verkehrsmeldungen kommen, kommt hier einfach nichts... So viel zum Thema Bildung und so...

Kaffee und Brot...

...sind keine europäischen Erfindungen, meiner Meinung nach dort aber perfektioniert worden. Liebe Amerikaner, Schlabberbrot und Iced-Coffee-Latte machen nur dick - nicht satt oder wach!

Fitness..

kann man auch im angrenzenden Wald machen - wenn es Wege gäbe... Natur und Sport passen hier noch nicht ganz zusammen. Die Fitnessstudios freuen sich. Ach so - und mal die Füße benutzen kann auch nicht schaden.

Stoppschilder...

dienen dazu "Vorfahrt" zu "achten", nicht dazu dass alle anhalten und in der Reihenfolge fahren, wie man an die Kreuzung gekommen ist (4-way-stop).

Coupons...

sollten nur zu speziellen Anlässen gelten und nicht für alles und immer verfügbar sein. Das System funktioniert so nicht!

Krank sein...

..soll man doch bitte zuhause. Da in den USA jede Krankmeldung zu einem Verdienstausfall führt geht man halt auch mal mit Fieber zur Arbeit. Schwachsinnig da man so das ganze nur rauszögert, anstatt sich mal 2 Tage komplett auszukurieren.

Weniger gespielte Prüderie

Das klassische Vorurteil der prüden Amerikaner kann ich hier nicht 100% bestätigten. Stattdessen wird dieses Thema sehr schizophren behandelt. Einerseits darf man in Radio und Fernsehen nicht fluchen, geschieht das mal doch wird auf das Schipfwort prominent durch einen Signalton hingewiesen ☺ Neben Schimpfwörtern zählt Nacktheit und der Konsum von Alkohol in der Öffentlichkeit zu den weiteren No-Gos hier in Amerika. Dass alle Restriktionen in dieser Hinsicht wirkungslos sind, sieht man daran wie die Leute sich hier damit verhalten. Geschimpft wird ganz ungeniert und z.B. viele Künstler provozieren damit gezielt, um ihre Bekanntheit zu steigern. Da wird dann im Radio schon mal S&M von Rihanna gespielt und danach zwischen den 3 Radiomoderatoren á la Telefonseelsorge der Seitensprung von letzter Nacht diskutiert... Außerdem gibt es irgendwie an jeder Ecke Stripclubs und im Club ist schon mal der Hartalkohol billiger als normales Bier. Hat man die Eintrittskarte in das unzensierte Leben, nämlich den Ü-21-Ausweis, ist Amerika ungezügelt und wild. Deutschland ist in dieser Hinsicht nicht so gekünstelt. Das typische Vorurteil der Amis ist, dass Europa doch der Hort der Versuchung ist und alles wie Eva's Apfel zum Rauswurf aus dem Paradies führt. Nein liebe Amerikaner - stimmt so nicht. Wir zeigen nur was wir haben und sind stolz auf unsere Wein- und Bierkultur.

Bildung besteht nicht nur aus Schulabschlüssen

In den 5 Monaten habe ich inzwischen auch so viel mit dem Ami-College-Studenten-Praktikanten-Kollegen zu tun gehabt, dass ich mir zumindest ein vorsichtiges Urteil über das amerikanische Schulsystem zutraue. In Deutschland

wird mit allen Mitteln versucht weniger Schulformen zu erzwingen und das Studium mit Bachelor und Master möglichst zu amerikanisieren. Totaler Schwachsinn wenn man hier sieht, dass in der Highschool alle wie in der Grundschule zusammengepfercht sind. Hat man mit 17 mal die Möglichkeit sich mit mehr oder minder intellektuell gleichgesinnten im Studium zu treffen, wird man aber trotzdem die Highschooler nicht los. Ausbildung oder früher Schulabgang existieren hier nicht. Will man nicht als Einkaufswagensammler bei Wal-Mart enden, muss man sich zumindest durch ein Bachelorstudium durchbeißen. Das endet dann ganz unwissenschaftlich mit keiner Abschlussarbeit, sondern es gibt einfach ein weiteres Zeugnis - das Bachelorzeugnis. Dies wird inzwischen so inflationär vergeben, dass nur Bestnoten noch eine Jobchance garantieren. Meiner Meinung nach ziemlich bescheuert. Auch kann selbst der dümmste Highschooler am Ende ein Bachelor-Zeugnis in der Hand halten, was wieder das Vorurteil der "dummen Amis" bestätigt. Referenzen wie Praktika zählen in den USA wesentlich weniger, da diese meistens zum Geldverdienen für die horrenden Studiengebühren gebraucht werden.
Ach und irgendwie hab ich den Eindruck, dass sich viel zu viele Leute nur sehr einseitig für Themen interessieren. Politik, Weltgeschehen, Sport, Wissenschaft. Es gibt ganz wenige Leute die an einem breit gefächerten Allgemeinwissen interessiert sind. Viele sind Fachidioten was gelegentlich echt anstrengend sein kann, wenn man vom Fachthema mal auf was anderes wechselt, wovon der Gegenüber dann wieder keinen blassen Schimmer hat...

Ein Sozialsystem...

...wird hier gerade mühsam eingeführt aber von allen Seiten torpediert. Was ist so schlecht daran, dass man regelmäßige Beiträge bezahlt um sich im Krankheitsfall auch mal teure Medikament leisten zu können? Was ist so schlecht daran wenn der Staat ein Interesse am Wohl der eigenen Bürger hat? Amerika ist das Land des totalen Liberalismus. Jeder ist für sich selbst verantwortlich. Das ist in den meisten Fällen kein Problem, doch die wenigen Fälle die damit hoffnungslos verloren sind, tragen sicherlich zur hohen Kriminalität in diesem Land bei.

16 Juni, 2011 16:33

Cabin fever in the Smokey Mountains

Wie es sich für jede Praktikantenrunde gehört, verbringen auch wir ein Wochenende auf einer luxuriösen Berghütte, amerikanisch "Cabin" genannt. Mitten in den "Smokey Mountains" findet man fast auf jeder Bergkuppe einzelne oder mehrere von diesen mehrstöckigen Holzhütten.

Obwohl wir sehr spontan buchen finden sich 14 Leute, die sich den Spaß nicht entgehen lassen wollen. Bei 46 $ für das ganze Wochenende kann man sich auch nicht beschweren...

Einrichtungstechnisch können wir uns bei der "Bella Vista" Cabin nicht beschweren. Den wunderschönen Blick auf die umliegenden grünen Bergkuppen können wir bei 90° Fahrenheit aus dem Hot-Tub auf dem Balkon genießen Ist man gut durchgekocht, verbringen wir die restliche Zeit mit Tischfußball und Airhockey(!). Außerdem stehen mehrere Kühlschränke für die gut gekühlte Versorgung durch alkoholische Getränke bereit...

Ist einem mal nach gediegener Unterhaltung, kann man sich auf den 4 Fernsehern einen Film reinziehen. Gediegene Abgammelrunden auf irgendwelchen Betten und unser Limbokontest runden unser Erlebnis "Cabin" ausgezeichnet ab.

Um wenigstens ein bisschen Outdoor-Bergfeeling aufkommen zu lassen gehen wir samstags noch Rafting! Bei der Fahrt auf dem Pigeon River werden wir ziemlich nass, aber bei Außentemperaturen von um die 30°C lässt man sich das auch gerne gefallen.

Sonntags unternehmen wir noch die obligatorische Bergwanderung - bei schwülen 30°C ist das allerdings wenig Spaß.

Naja immerhin sehen wir noch was von der einheimischen Natur in Form einer Schlange die einfach mal unseren Weg kreuzt. Faszinierend.

Alles in allem ein sehr entspanntes Wochenende. Leider auch schon einer der letzten größeren Trips hier in den USA .

Temperatur: 34°, schwül

Stimmung: Aufbruchsstimmung. Letzte Dinge wollen organisiert werden...

22 Juni, 2011 21:12

Warum in die Ferne schweifen...

...wenn das Gute liegt so nah? Das hat schon der gute Goethe gewusst und dieses Wochenende befolge ich diesen Rat. Bin ich im letzten halben Jahr durch den gesamten Osten der USA geturnt, so hab ich es noch nicht oft in die nähere Umgebung geschafft. Diese nähere Umgebung ist neben Greenville (wo ich schon öfters war) das kleine Städtchen Clemson. Nicht nur dass mein Arbeitsplatz auf einem Außenposten der Clemson University (ICAR (der Fahrzeugtechnikcampus)) liegt, sondern auch einer meiner besten Arbeitskollegen, der Globetrotter-Spanier Ignacio, studiert und wohnt in Clemson.

Also - auf geht es den Arbeitskollegen besuchen! Im Laufe der Woche entwickelt sich der Trip auch mehr und mehr zum Abteilungsausflug. Letzenendes fahre ich mit 3 Amis aus dem ITRC sowie einem deutschen Kollegen Freitags gen Clemson. Dort erwartet uns Ignacio mit seinen partyfreudigen Kommilitonen, sowie eine kleine aber feine Barmeile. Aus mehr als Barmeile und der Universität besteht das Städtchen allerdings nicht.

Trotzdem ein sehr lustiger Trip und ein erster und letzter Abstecher in die lokale Studentenszene.

Samstag nüchtern wir dann noch gediegen am Pool aus.

Abends bekomme ich noch eine interessante Einladung: "Komm doch morgen mit in die Kirche! Presbytarian". - "Hmm - warum eigentlich nicht. Dann kann ich wenigstens sagen ich war im "Bible Belt" mal in einer Kirche." Ok - am nächsten Morgen stehe ich um halb 11 vor einer "Kirche", in die über 1000 Leute reinpassen und die einen eigenen Starbucks hat... Verkehrseinweiser erklären den Amis wie man richtig parkt bevor diese dann, in kurzer Hose und Flip-Flops, sich in die Kirche begeben.

In den Südstaaten erwarte ich eigentlich ein brennendes Kreuz und fanatische Christen, aber weit gefehlt. Statt eines Kreuzes hängen in der Kirche fünf gigantische Leinwände, auf denen das gesamte Spektakel, welches sich auf einer Bühne abspielt, gezeigt wird. Der Gottesdienst beginnt mit einigen rockigen Lieder über den Übermensch Gott bevor dann ein leger gekleideter "Pfarrer" über Männerfantasien und Seitensprünge referiert (am amerikanischen Vatertag möchte die Kirche den Männern ins Gewissen reden). In die Zeremonie werden immer kleine Videobeiträge über sonstige Themen eingestreut.

Kommt man nicht aus dem Bett kann man sich unter http://www.brookwoodchurch.org/ den ganzen Gottesdienst auch im Nachhinein noch reinziehen (ich war bei "Faithfulness")

Alles in allem eine sehr merkwürdige Interpretation von Kirche - würde man alle kirchlichen Themen durch Apple-Produkte ersetzen - man wäre auf einer Steve Jobs Keynote...haha. Es war wenigstens nicht so ätzend langweilig wie in Deutschland, aber hingehen tu ich auch nicht mehr...

Stimmung: Am Freitag ist Abschiedsparty
Wetter: Heiß, heißer, South Carolina

30 Juni, 2011 15:06

Bye bye South Carolina.

30. Juni 2011 - Letzter Tag bei BMW in Greenville

So schnell ist es rum. Eben sitze ich noch im Flieger nach South Carolina und rege mich über den Südstaatenwinter auf, schon schwitze ich bei 35 Grad im Schatten und packe meine Koffer. 6 Monate ist in der heutigen Zeit eigentlich gar nichts mehr... Vor allem da man dank Skype, Webcam, E-Mail und Facebook eigentlich nie den Anschluss verliert. Ich hoffe ich konnte den Draht nach Deutschland, u.a. auch mit diesem Blog, halten. Es war eine super Zeit hier und ich werde echt die ganzen tollen Aktionen, wilden Partys und die vielen Leute vermissen.

In den 6 Monaten hier habe ich ungefähr so viel erlebt wie fast die komplette Studentenzeit vorher. Unglaublich.

Nach der tollen Abschiedsparty letzten Freitag geht's morgen nun gen Boston und New York.

Von dort werde ich dann auch am 07.Juli die USA hinter mir lassen. Am 08.Juli um 11 Uhr sollte ich wieder deutschen Boden unter den Füßen haben

Trotz aller Erlebnisse ist es jetzt auch mal wieder gut die Heimat zu sehen. Auch wenn mich dort noch einiges an Stress mit mündlicher Abschlussprüfung, Umzug und Jobsuche erwartet, freue ich mich wirklich wieder meine Familie und Freunde zu sehen.

In diesem Sinne.

Danke Leute für die geile Zeit. Ich werde es vermissen.

P.S: Der Reisebericht von Boston und New York folgt natürlich auch noch

12 Juli, 2011 01:23

Bye Bye United States

Nach knapp einer Woche Sightseeing an der Ostküste geht mein Abenteuer USA nun endgültig zu Ende.

Donnerstags sortiere ich nicht nur meinen Tisch auf der Arbeit, putze mein Zimmer und packe meine Koffer, sondern ich muss mich auch schweren Herzens von meinen Arbeitskollegen verabschieden. Die Zeit im BMW ITRC war echt super. Mit einigem Stolz kann ich sagen, dass sie sogar so super war, dass ich bald in München eine Stelle bekomme. Was sagt man dazu.

Freitag gehe ich mit meinem Auto auf die letzte Reise. Frisch gewaschen und getankt wartet es jetzt auf den neuen Besitzer. Auf dass er noch viele schöne Stunden mit dem Oldsmobil haben möge!

Mit einem vollgepackten Minivan geht es dann mittags endgültig "on the road". Bye Bye Farm, Bye Bye South Carolina.

Der Weg nach Boston ist verdammt lange, aber nach diversen Gesetzesübertretungen in Form von offenen Bierdosen im Auto und einer durchzechten Nacht in einem Super 8 Motel, erreichen wir dann nach 17 Stunden Fahrzeit Samstags Abends endlich das Haus von Meghans Freund in Melrose.

Meghan ist auch eine ehemalige Praktikantin und hat mich schon Anfang März in SC zurückgelassen. Umso schöner fand ich es, dass wir uns noch mal in ihrer Heimat treffen konnten. Die Tage in der Stadt gehen wie im Flug vorbei. Dank unseres verplanten Tourguides sehen wir Ecken von Boston, die wir gar nicht eingeplant hatten.

Egal. Ist ne sehr schöne und alte Stadt und auf jeden Fall sehenswert. Vor allem war ich jetzt mal in Harvard und am MIT. Der Bostontrip endet mit einem Baseballspiel der Red Sox (laaaangweilig) und einem halbstündigen Feuerwerk über dem Hafen.

Hätte doch echt nicht sein müssen. Nur weil ich nach Hause fliege….(könnte natürlich auch mit dem Independence Day zusammenhängen

Dienstags lassen wir Boston zurück und machen uns auf den Weg in Moloch New York City.

Ist immer noch genauso heiß, wie bei meinem letzten Besuch 2007, und länger als ein paar Tage werde ich es nie dort aushalten. Auch in NY treffen wir einen ehemaligen Praktikanten von BMW Spartanburg. Louis führt uns zielsicher durch Chinatown und Little Italy und zeigt uns auch neue Ecken von New York (so z.B. der Highfield Park).

Louis verabschiedeten wir bei einem Feierabendbier, dass wir sogar in einem Biergarten trinken dürfen. Es geschehen noch Wunder…

Nach 2 exzessiven Sightseeing Tagen plage ich mich noch ein letztes Mal mit meinen 2 Koffern ab. Jetzt wo diese eingecheckt sind und ich kurz vorm Boarding bin, werde ich doch etwas melancholisch. War das eine geile Zeit hier. Ich werde es vermissen und immer gerne dran zurückdenken. Vielleicht besuchen mich ja einige meiner neuen amerikanischen Freunde mal in Deutschland. Bye Bye.

FSC
www.fsc.org
MIX
Papier | Fördert
gute Waldnutzung
FSC® C083411

Kolibri 360 GmbH
Ferdinand-Jühlke-Straße 7
99095 Erfurt, Deutschland
produktsicherheit@kolibri360.de

Druck:
CPI Druckdienstleistungen GmbH
im Auftrag der
Kolibri 360 GmbH
Ferdinand-Jühlke-Str. 7
99095 Erfurt